Das geheime Wissen der Hexen

Goodwill Galbassi

Libero magia

Copyright der Originalausgabe © 2021 Libero magia

Das Werk einschließlich aller seiner Teile ist urheberechtlich geschützt. Jede Verwertung außerhalb der engen Grenzen des Urheberrechtsgesetzes ist ohne Zustimmung des Verlages unzulässig und strafbar. Dies gilt insbesondere für Vervielfältigungen, Übersetzungen, Mikroverfilmungen und die Einspeicherung und Verarbeitung in elektronischen Systemen.

Druck: Amazon Deutschland oder Partner

Der Druck erfolgt in chlorfreier Tinte und das säurefreie Papier für den Innenteil des Buches wird von einem Anbieter mit Forest Stewardship Council-Zertifizierung bezogen. Alle Abfälle, die beim Drucken entstehen und sich im Büroalltag anfallen, werden ordentlich recycelt und verwertet. Zudem werden in der Zukunft weiterhin Prozesse stattfinden, um die Umweltfreundlichkeit zu versichern. Damit verpflichtet sich der Druckpartner Amazon und seine Partner dazu, seinen Teil zum Umweltschutz beizutragen.

Unser Verlag verzichtet zudem auf überflüssigen Schriftverkehr und wickelt alle Prozesse digital ab. Dies spart Ressourcen und schont die Umwelt!

ISBN: 978-3-949675-99-7

Das geheime Wissen der Hexen

So verbindest du dich mit deinen magischen Kräften und erreichst spirituellen Wohlstand

Goodwill Galbassi

Vorwort

*„Katzenauge, Eulenschrei,
du wundersames Buch komm herbei!
Die Hexe sich dreimal im Kreise dreht,
wer zaubern kann, weiß, wie es geht!"*

Du hörst das Wort Magie und hast sofort einen Magier mit wehendem Umhang im Sinn, vielleicht sogar den berühmten Zauberlehrling Harry Potter. In der Hand hält er einen Zauberstab, aus welchem bunte magische Funken fliegen. Eine unglaubliche Vorstellung, nicht wahr? Da wünscht man sich doch, dass es Magie auch in unserer Welt geben würde. Hin und wieder könnte man so manchen Zauber brauchen, der einem Geld beschert, Gesundheit bringt oder den Liebsten endlich aufmerksam macht.

Hinter Magie, dem kleinen kurzen Wort, welches die Fantasie unglaublich anregen kann, steckt jedoch noch einiges mehr. Es gibt zahlreiche Rituale, Symbole, magische Gegenstände und all diese können uns tatsächlich auch in unserem Alltag begleiten.

Man nimmt an, dass es Magie nur in Geschichten gibt, doch wenn man seine Augen öffnet, dann wird man erkennen, dass es die Magie auch in unserer Welt gibt.

Mit diesem Buch möchte ich dir sehr viel magisches Wissen an die Hand geben, dich anleiten, dir Zaubersprüche und Rituale vorstellen. Lies genau, lass dir Zeit und probiere dich aus. Dann wirst auch du am Ende eine ganz moderne Hexe sein, die ihre Mitmenschen und ihre Umgebung verzaubern kann.

*„Oh Zauberstab, oh Zauberhut,
ihr lieben Geister, helft mir gut.
Noch dazu ein Hühnerei,
kommt ihr Geister, fliegt herbei.
Aus drei macht vier, aus zwei macht eins,
fideldum fidelda, fideldei, so geht das Hexeneinmaleins."*

Hinweis

Im Anhang findest du einige Quellenangaben, auf die mit Hochzahl verwiesen wird. Zudem gibt es weiterführende Literatur und Shopempfehlungen, welche auf Seite 168 zusammengefasst wurden und auf die ich immer mal verweise.

Inhalt dieses Buches

Die Geschichte der Magie 15

Magie in der Antike 15
Magie im Mittelalter 18
Magie in der Neuzeit 19

Magie in den 3 Weltreligionen 22

Christentum 23
Judentum 24
Islam 26

Die fünf Farben der Magie 28

Die weiße Magie 30
Die schwarze Magie 33
Die rote Magie 35
Die blaue Magie 36
Die grüne Magie 37
Fazit 38

Was ist ein Fluch? 39

Definition eines Fluches 40
Geschichtliches 42
Merkmale eines Fluches 43

| Welche Flüche gibt es? | 44 |
| Kann man einen Fluch brechen oder rückgängig machen? | 45 |

Magische Symbole und Zeichen — 48

Ursprung und Bedeutung — 48
Die Herkunft der magischen Symbole und Zeichen — 50
Welche Symbole und Zeichen gibt es? — 51
- Ankh-Symbol — 51
- Das OM-Symbol — 52
- Gekreuzte Pfeile — 52
- Sonnenrad — 52
- Triskele — 52
- Auge des Horus — 53
- Nazar-Amulett — 53
- Lotusblume — 53
- Pentagramm — 54
- Yin und Yang — 54

Die Bedeutung des Wortes Rune — 55

Vier Thesen zur Runenentstehung — 55
- Italisch-etruskische These — 55
- Lateinische These — 56
- Griechische These — 57
- Punische These — 57

Die Runenreihen — 58
- Elder Futhark — 58
- Younger Futhark — 58
- Die Runen des alten Futhark — 59

Einige Runen und deren Bedeutung — 59
- Die Fehu Rune — 59

Die Uruz Rune	60
Die Thurisaz Rune	60
Die Ansuz Rune	60
Die Raidho Rune	61
Die Kenaz Rune	61
Die Gebo Rune	61
Die Wunjo Rune	62
Die Hagalaz Rune	62
Die Nauthiz Rune	62
Die Isa Rune	63
Die Jera Rune	63
Die Ihwa Rune	63
Die Pertho Rune	63
Die Algiz Rune	64
Die Sowilo Rune	64
Die Tiwaz Rune	64
Die Berkano Rune	64
Die Eihwaz Rune	65
Die Mannaz Rune	65
Die Laguz Rune	65
Die Ingwaz Rune	66
Die Dagaz Rune	66
Die Othala Rune	66
Runen tragen	67
Die Runenmagie	67
Die Kunst der Runen	68
Aktivieren der Rune	69
Runenmuster und Runenlandschaften	70
Runenarten	70
Das Mal	71
Die Glyphen	71
Das Siegel	71
Die Herstellung	72
Spontane Runen	72

Gezeichnete Runen	72
Permanente Runen	73

Runenmysterien — 74
Runen als magische Werkzeuge — 74
So entstand der Buchstabe — 75
Mächtige Zauberzeichen — 76

Was sind Hexenrituale? — 77

Rituale und die Hexenmagie — 78
Zubehör für Rituale — 79

Kristallkugeln	80
Amulette und -Typen	80
Altare und deren Aufbau	82
magische Spiegel und deren Verwendung	83
Zubereitung und Verwendung von Zaubertränken	83
Düfte und Effekte von Räucherwerk und Kerzen	84
Edelsteintypen und deren Effekte	84
Kristalle und deren Effekte	86
Arten und Verwendung von Hexenbesen und Zauberstab	87
Tarotkarten verwenden	88

Formen von Ritualen — 89

Kerzenrituale	89
Dolchrituale	90
Kelchrituale	91
Lichtrituale	91
Schwenk- und Räucherrituale	91
Schamanische Rituale	93
Trauerrituale	93
Festliche Rituale	94
Übergangsrituale	94
Spirituelle Rituale	94
Therapeutische Rituale	94

Alltagsrituale ... 95
Funktionen von Ritualen ... 96

Alles rund um den Schutzzauber ... 98

Was ist ein Schutzzauber? ... 98
Die verschiedenen Arten von Schutzzaubern ... 99
Hilfreich für deine Schutzzauber ... 99
Diese Energien sind zu demonstrieren bzw. zu verbieten ... 100
Der erste Schritt zum Schutzzauber ... 100
Wie lange dauert es, einen Schutzzauber auszuführen? ... 101
Wann sollten Schutzzauber ausgeführt werden? ... 102
Wwenn Schutzzauber nicht richtig wirken ... 103

Magische Rituale mit Anleitung ... 104

Schutzzauber ... 104
    SOS-Zauber für den eigenen Schutz ... 105
    Das Schutzengel-Ritual ... 105
Gerechtigkeitszauber Iustitia nemini neganda ... 108
Erfolgsrituale ... 110
    Leichter lernen ... 110
    Mit Zauberei eine Arbeitsstelle finden ... 111
Negative Angewohnheiten verbannen ... 112
    Hämatit-Ritual ... 112
Liebeszauber mit Kastanien ... 114
Wohlstandszauber ... 115
Reinigung ... 116
    Magnetismus ... 116
    Die eigene Reinigung vor einem magischen Ritual ... 117
    Die Raum-Reinigung ... 117

Dankbarkeit ... 118
    Mit Dankbarkeit den Weg zu mehr Lebensfreude ebnen ... 118

Potenzzauber - Mond im Skorpion ... 120

Fruchtbarkeitszauber mit Feigen ... 121

Wächter des Hauses ... 122
    Die Magie der Figuren (Wächter) ... 122

Geldzauber ... 124

Liebesritual ... 125

Zaubersalz herstellen ... 126

Das magische Heilwasser ... 127

Die Hexe ... 128

Vorstellung ... 128

Hexen der früheren Zeit ... 129

Die moderne Hexe ... 129

Die verschiedenen Hexentypen ... 130
    Schamanen ... 130
    Haushexe ... 130
    Wahrsagerhexe ... 130
    Elementarhexe ... 130
    Kosmische Hexe ... 131
    Kräuterhexe ... 131
    Nebelhexen ... 131

Die Bedeutung der Energie ... 132

Wie wird diese beeinflusst und wodurch? ... 132

Wie erhält man eigene Magie? ... 134

Was ist ein Energievampir? ... 134
    Was aber kann man dagegen tun? ... 135

Puppenmagie 137

Was ist Puppenmagie? 137
Ursprung 138
Anwendung 138

Was sind magische Geflechte, wofür werden sie verwendet? 141

Der Zwiebelzopf 141

Verschiedene Techniken 143

Meditieren 143
Visualisieren 143
Manifestieren 143
Vorhersagen und Symbolik verstehen 144
Kaffeesatzlesen 144
Zeichen der Götter verstehen 144
Tarotkarten 145
Wunschzauber 146
Numerologie 146
Handlinien 146

Kraftspender 147

Besondere Orte 147
Der Untersberg 147
Die Externsteine 148

Das Jesusbrünnlein	148
Der Himmelsweg von Nebra	149
Der Hügel von Ruhpolding	149
Die Klosterruine von Disibodenberg	149
Der Gollenstein bei Blieskastel	150
Der Everstorfer Forst	150
Der Gesundbrunnen von Bad Düben	150

Jahreskreisfeste — 151

Die 4 Elemente — 152

Die Erdung des Menschen — 153

Die magische Umwelt, Wesen & deren Energie — 154

Kommunikation mit Tieren — 154

Wozu dient die Kommunikation mit Tieren?	155
Die Vier Wahrnehmungskanäle	156
Verschiedene Gesprächsmethoden	157
Tipps zum Umgang mit deinem Tier	158

Götter und deren Einfluss auf die Magie — 160

Das Universum, die Planeten, Sternzeichen, Mondzauber bei verschiedenen Mondphasen — 161

Wie kann eine Hexe mit dem neugelernten Wissen umgehen? — 164

Anhang — 167

Quellenverzeichnis — 167

Weiterführende Literatur & Shops — 168

Aus Liebe zur Umwelt verzichten wir auf Fotos & Farbdruck.

Die Geschichte der Magie

Harry Potter ist wohl der Erste, der uns einfällt, wenn wir das Wort Magie hören. Dabei ist diese tatsächlich auch ein Teil von religiösen Vorstellungen. Die Existenz ist jedoch vollkommen unabhängig.

Magie ist nur ein kleines Wort mit fünf Buchstaben, und doch zieht es viele Menschen in seinen Bann. Es hat etwas an sich, das einen verzaubert. Die Frage ist, was sich hinter den fünf Buchstaben verbirgt, dass dieses Wort so interessant für uns macht. Ich kann dir an dieser Stelle bereits verraten, dass Magie eine unglaubliche Geschichte hat. Sie existierte bereits zu verschiedensten Zeitaltern. Ihre Bedeutung ist im Grunde genommen gleich geblieben, doch es gibt viele Punkte, welche die Magie immer wieder in ein vollkommen neues Licht rücken.

Dieses Kapitel wird über das Verständnis von Magie in der westlich-europäischen Hemisphäre berichten. Sei gespannt und entdecke auch du, dass die Magie eine wundervolle und einzigartige Geschichte erzählt und sich so manche magischen Dinge über Zeit und Raum bewahrheiten.

Magie in der Antike

Ehe ich dir mehr über die Magie in der Antike erzählen werde, möchte ich erst einmal näher auf die Antike eingehen. Die Antike ist eine Epoche im Mittelmeerraum. Die Zeit dieser reicht von 800 vor Christus bis ca. 600 nach Christus. Tatsächlich wird der Beginn dieser Epoche sogar noch weitaus früher vermutet. Die Antike lässt sich, zumindest im weiteren Sinne betrachtet, auch als Geschichte des Altertums bezeichnen, ebenfalls zählen die altorientalischen und nahöstlichen Hochkulturen dazu. Der Begriff wird jedoch weitaus enger betrachtet. In vielen Büchern wird die Antike daher als Geschichte der Hochkulturen am Mittelmeer bezeichnet.

Und genau diese Geschichte hat einen sehr großen Einfluss auf die europäische Geschichte, sowie deren Kultur ausgeübt.

Wenn man das Ganze noch enger betrachtet, ist hier die Rede von der römischen und griechischen Geschichte.

Aber nun zurück zur Magie, um die es in diesem Buch ja eigentlich gehen soll. In der Epoche der Antike gehörte die Magie wahrhaftig zum Alltag der Menschen. Egal wohin man sah, sie war überall. Eine wichtige Basis dafür war, dass die Menschen damals annahmen, die Erde sei ein lebendiger Organismus. Das bedeutet, dass alles miteinander verbunden ist. Dabei soll eine lebendige Kraft die Gefüge durchdringen.

Der griechische Philosoph Platon beschäftigte sich sehr intensiv mit Magie. Er bezeichnete die lebendige Kraft als Weltseele, durch welche Struktur und Ordnung in das Leben kamen. Die Magie bezeichnet demnach die Möglichkeit, die Weltseele zu beeinflussen. In der Zeit der Antike gab es sogenannte „magische Papyri". Diese überlieferten uns, wie die Weltseele beeinflusst wurde. Diese Schriften sind in altägyptischer oder griechischer Sprache beschrieben.

Die ältesten dieser wundersamen Schriften stammen aus dem ersten Jahrhundert vor unserer Zeitrechnung. Die Schriften enthalten magische Beschwörungsformeln. Zur damaligen Zeit wurden Beschwörungsformeln dazu verwendet, um Notlagen abzuwenden. Ebenfalls wurden in den magischen Papyri auch Erklärungen über verschiedene Amulette beschrieben. Die Amulette dienten dazu, körperliche Leiden heilen zu können. Die Schriften enthalten sogar Informationen darüber, wie man sich die göttlichen Mächte zu Hilfe rufen kann.

Die Elemente Wasser, Erde, Feuer und Luft hatten ebenfalls eine entscheidende Bedeutung. Außerdem spielten Dreiecke und Pentagramme eine sehr wichtige Rolle. Sie galten damals als „heilige Geometrie". Unter anderem gab es in der Antike auch die Form der zeremoniellen Magie. Tatsächlich wurde diese Beschreibung erst in der Epoche der Renaissance geprägt.

Die sogenannten Orphiker/ Orphikerinnen (ca. 5. Jh. v. u. Z.) betrieben in der Antike die zeremonielle Magie. Sie gelten als Anhänger einer Mysterienreligion. Hierzu zählten damals vor allem Frauen, unter ihnen hauptsächlich Priesterinnen. Allerdings gehörten zu ihnen nur eingeweihte Spezialistinnen aus den oberen Gesellschaftsschichten. Magie galt für die Orphiker/ Orphikerinnen als Möglichkeit, die göttlichen Kräfte in sich aufzunehmen. Damit das geschehen konnte, führten die Frauen ekstatische Tänze durch, wobei sie orphische Gesänge sangen.

Für all das, was ich eben beschrieben habe, gibt es natürlich auch einen Fachbegriff: Die Theurgie. Vielleicht hast du diesen bereits gehört und wusstest nur noch nichts damit anzufangen.

Tatsächlich gab es in der gesamten antiken Welt noch zahlreiche weitere Gruppierungen, welche sich ebenfalls der Theurgie zuwandten, auch wenn es nur wenige waren.

Für die Rituale nutzten sie sehr häufig das „chaldäische Orakel". Hinter diesem sonderbaren Begriff, der bereits sehr magisch klingt, verbergen sich prophetische Sprüche. Diese wurden von Julian dem Theurg in der Zeit des zweiten Jahrhunderts unserer Zeitrechnung verschriftlicht. Es heißt, dass diese von verschiedenen Göttinnen und Götter offenbart wurden. Die Urheberschaft ist aber ziemlich umstritten. Das gilt auch für zahlreiche andere Überlieferungen aus der Antike.

Die griechische Göttin Hekate bekam eine herausgehobene Bedeutung, denn sie wachte über die Toten, über die Magie und über die Wegkreuzungen. Sie galt als Symbol für die Weltseele. Es heißt, dass sie den Seelen den Weg auf ganz besondere Art und Weise zeigte. Mit anderen Worten: Sie sorgte für deren Erlösung.

Tatsächlich sind noch heute sehr viele antike Praktiken für moderne Hexen von großer Bedeutung. Diese prägen das magische Wirken, aber auch das Verständnis von magischem Handeln. Hierzu zählen folgende Elemente:

- ✶ Nutzung von Anrufungen
- ✶ Nutzung der heiligen Geometrie
- ✶ Nutzung von Amuletten
- ✶ Die Grundlagen des Lebens (Luft, Feuer, Wasser Erde) haben eine magische Bedeutung
- ✶ Religiöse Ekstase (Theurgie)

Im Übrigen wurde die Welt zur damaligen Zeit als riesiger und lebendiger Organismus verstanden. Die Weltseele ist die kosmische Kraft, welche diesen Organismus durchdringt. Durch verschiedene Entsprechungen wird der Organismus geordnet. Man schrieb den Göttern und Göttinnen damals verschiedene Minerale, Farben, Wochentage oder auch spezifische Planeten zu.

Die oben genannten Praktiken galten mit Aufkommen des Christentums als „heidnisch", wodurch sie immer mehr in die Verdrängung gerieten bzw. sogar verteufelt wurden. Die Idee der „magia naturalis" kam erst in der frühen Neuzeit auf. Sie war die Grundlage für die Veränderung bezüglich des Verständnisses von Magie.

Für moderne Hexen sind diese auch heute noch relevant.

Magie im Mittelalter

Das Mittelalter gilt als eine der geschichtlichen Epochen, welche unter ganz besonderem Einfluss der Magie stand. Die Menschen, welche zu dieser Zeit an die Magie glaubten, schenkten ihren Glauben einer Natur, die von Geistern beseelt war. Durch verschiedene Praktiken konnte man sich diese okkulten Kräfte nutzbar machen.

Man fand die Magie in der mittelalterlichen Zeit in allen gesellschaftlichen Schichten wieder. Es ist aber kein Geheimnis, dass die Magie, obwohl vor allem der Adel sowie der geistliche Stand sie nutzten, sehr heftig bekämpft wurde.

Schaut man sich heute Filme an, welche in dieser Zeit spielen, kommt immer wieder das Thema Hexenverfolgung auf. Damals versuchte man regelrecht, die Hexen unter der Bevölkerung aufzuspüren. Fand man diese, wurden sie festgenommen und sehr hart bestraft, um das Böse aus ihnen herauszutreiben.

Leider war es so, dass viele Urteile nur auf Annahmen basierten. Keiner wusste genau, ob die Betroffenen tatsächlich Hexen waren. Durch ihr andersartiges Aussehen und das Durchführen besonderer Praktiken nahm man an, dass die Personen eine Verbindung mit dem Teufel hatten und somit die Zauberei praktizierten. Wer das Ganze auf globaler Ebene verfolgt, wird erkennen, dass die Hexenverfolgung auch heute noch ein Thema ist.

Weit verbreitet ist jedoch die Annahme, dass die Hexen hauptsächlich im Mittelalter verfolgt wurden, doch diese ist falsch. Der Höhepunkt der Hexenverfolgung war zwischen 1550 und 1650 in Europa, das ist allerdings bereits die Neuzeit.

Magie in der Neuzeit

Von 1433 bis 1499 lebte der Italiener Marsilio Ficinoo. Seiner Zeit war er ein Philosoph, Mediziner und Humanist. Er fasste seine Einsicht bezüglich der Magie mit folgendem Satz zusammen: „Die Natur ist überall mit ihrer Zauberkraft" (zit. in: Kieckhefer 1992: 170).

Im 15. Jahrhundert gehörte er zur Elite der florentinischen Denker. Diese hatten sich folgendes Ziel gesetzt: die religiös-philosophischen und magischen Vorstellungen aus der Zeit der Antike mit den christlichen Überzeugungen zusammenzubringen.

Man entdeckte im Jahr 1463 das Corpus Hermeticum wieder. Hierbei handelt es sich um eine Sammlung von griechischen Traktaten. Damals hatten die griechischen Gelehrten diese niedergeschrieben. Ficino wurde damit vom Staatsmann, Bankier und Mäzen Protegé Cosimo de' Medici beauftragt, diese Schriften zu übersetzen. Man hatte das Corpus Hermeticum damals für die direkte Offenbarung des Hermes-Thot gehalten. Auf Ficino hatte dieses möglicherweise eine sehr elektrisierende Wirkung. Man nahm an, dass er sogar älter als Moses sein musste. Mit der Schrift hatte er außerdem Einblicke in ein sogenanntes „Urwissen" bezüglich der Menschheit. Demzufolge galt es auch als unglaublicher Fund.

Vor allem hatte das Wissen, welches in den Schriften niedergeschrieben wurde, Bezug auf die Alchemie, Astrologie und natürlich auch auf die Magie. Ein harmonisches Verhältnis zwischen Mikro-und Makrokosmos stellte hierbei den grundlegenden Gedanken dar. Beides sollte sich gegenseitig beeinflussen.

Demzufolge war Ficino auch regelrecht begeistert und angetan, als er begann, sich mit diesen Schriften auseinanderzusetzen. Sein magisches Wissen wird durch diese Schriften zudem auch sehr geprägt. Zur sogenannten natürlichen Magie schrieb er etliche Ausarbeitungen, welche seinerzeit zu den Bedeutendsten gehört haben könnten.

Es blieb nicht aus, dass diese Ausarbeitungen über all die Jahrhunderte hinweg immer wieder verändert wurden. Trotzdem sind genau seine Ausarbeitungen noch heute für moderne Hexen sehr wichtig.

Es lässt sich auch sagen, dass es seine Ausarbeitungen sind, welche heute die Basis bezüglich der heutigen Vorstellung und Praxis von Magie sind.

Wenn von Naturmagie die Rede ist, spricht man immer von der Möglichkeit des Menschen, die durchströmende Kraft zu studieren und ebenfalls zu bedienen. An diesem Punkt treten Religion und Wissenschaft sehr eng zusammen. Hierbei gibt es folgenden Grundsatz: „Der Natur kann die Magie nie entgegenlaufen". Durch diesen beziehen sich Wissenschaft und Religion aufeinander. Das Prinzip ist hier die Übertragung. Das bedeutet: Wenn eines der Elemente eingewirkt wird, so hat dies auch Einfluss auf alle anderen.

Die okkulten Wissenschaften erkundeten in der frühen Neuzeit die universellen Kräfte wie Magie, Astrologie und Alchemie. Es waren vor allem Gelehrte, die sich damit beschäftigten. In mehreren Hinsichten galten auch Wissenschaften als okkult. Aus diesem Grund befassten sich Forschungen sowie die damit verbundenen Experimente mit jenen Dingen, welche kaum bzw. gar nicht sinnlich wahrnehmbar waren. Anders gesagt, beschäftigten sie sich mit den Dingen, welche verborgen wirkten.

Ein wichtiger Aspekt dabei war, dass man die Naturmagie unbedingt von der schwarzen Magie unterscheiden musste. Ausschlaggebend dafür war, dass man aus christlicher Hinsicht sonst verurteilt wurde. Die Magie wurde nämlich besonders von Christen als besonders anrüchig empfunden. Man unterteilte die Magie tatsächlich in weiße und schwarze Magie. Auf beides werde ich in Kapitel 3 noch einmal genauer eingehen.

Es wurden ganz konkrete naturmagische Praktiken von den Gelehrten aufgestellt. Fein säuberlich und vor allem geheim wurden diese in sogenannte Zauberbücher aufgeschrieben. Sie trugen auch den Namen „Grimories". Besonders die rein geistigen immateriellen Werkzeuge nahmen hier die oberste Position ein. Dazu zählten Worte, Lieder und das Denken. All das galt als entscheidendes Mittel, um die kosmischen Kräfte lenken zu können. Als grob materielle Dinge wurden Steine und Metalle eingeteilt. Aus diesem Grund nahmen sie auch eine tiefere Position ein.

Im „abendländlichen" Magieverständnis stellte diese Reihenfolge einen sehr aufregenden Umbruch dar. „Magie ... ereignet sich im Kopf" [1]

Für die modernen Hexen von heute sind einzelne Elemente immer noch besonders entscheidend. Andere wurden einfach umgeändert und andere wiederum gänzlich verworfen.

Für die heutigen Hexen gilt:

* Der Natur läuft die Magie niemals entgegen.
* Natürliche Tendenzen eines Phänomens, eines Gegenstandes oder einer Situation werden durch Magie erfolgreich verstärkt. (Beispiel: das Aufblühen eines Samens)
* Bei Dingen, welche gegen die Naturgesetze laufen, wirkt die Magie nicht. (Beispiel: Einen Menschen in ein Tier verwandeln)
* Magie ist für die Beständigkeit keine Garantie, es unterliegt alles einer zyklischen Veränderung. Hierbei spielen das Denken, der eigene Wille und Worte eine zentrale Rolle. (Bei Magieren der Renaissance waren es Kopf und Geist, bei heutigen Hexen ist es das Bewusstsein und das innere Selbst)
* Zwischen schwarzer und weißer Magie wird schon länger nicht mehr unterschieden

Magie in den 3 Weltreligionen

In Kapitel zwei erwähnte ich das Christentum, eine der drei großen Weltreligionen, bereits immer mal wieder. Das lässt erahnen, dass Magie auch in dieser Religion eine Rolle spielte. Welche das genau ist und wie es um das Judentum und den Islam steht, möchte ich dir in diesem Kapitel näherbringen. Ganz sicher ist, dass es hierbei jede Menge Unterschiede gibt, vielleicht auch Gemeinsamkeiten. Das kannst du gleich herausfinden, indem du dieses Kapitel weiterliest, was ich dir als angehende moderne Hexe sehr empfehle. Vielleicht gibt es dir auf ein paar deiner Fragen, die du gewiss hast, auch ein paar Antworten.

Tatsächlich haben die Magie und die Religionen aber eine gemeinsame Basis. Na, kannst du bereits erraten, welche das ist? Es ist der Glaube. Wer religiös ist, glaubt beispielsweise, dass ein Anhänger mit einem Kreuz (Christentum), die Menora (Judentum) oder ein Boncuk (Islam) einem Glück bringen und eine Verbindung zum jeweiligen Gott darstellen.

Wer an die Magie glaubt, ist davon überzeugt, dass er Gegenstände, Menschen oder andere Lebewesen mit einem Zauber oder Fluch belegen kann.

Aber schauen wir uns doch am besten gemeinsam an, was Magie und Religion verbindet oder unterscheidet.

Menora

* Siebenarmiger Kerzenleuchter
* Kann jederzeit angezündet werden
* Die Chanukkia ist ein neunarmiger Kerzenleuchter, welcher ausschließlich zu Chanukka (Lichterfest) angezündet wird

Boncuk

* Meist runde oder farbige Ornamente
* Bestehen aus Perlen, Glas, Stein, Perlmutt
* Volksglaube: Wer hellblaue Augen hat, besitzt den unheilvollen Blick
* Das Schmuckstück, welches ebenfalls ein „blaues Auge" darstellt, soll als Gegenzauber dienen, bösen Blick abwenden

Christentum

Wenn du die Bibel, in diesem Fall ganz besonders das Alte Testament, intensiver betrachtest, wirst du ganz deutlich feststellen, dass magische Praktiken, wie sie in anderen Religionen oder Kulturen vollzogen werden, als negativ bewertet wurden. Damals lehnte man sogar sehr viele davon regelrecht ab. Es lassen sich außerdem zahlreiche Beispiele finden, dass die Alltagsmagie zur damaligen Zeit auch im Christentum als vertretbar galt. Um dir das aufzuzeigen, habe ich hier einige Beispiele für dich herausgesucht: [2]

* Von Jakob wurden gesprenkelte Schafe gezüchtet. Geschälte Stöcke dienten ihm dafür als Hilfe. (Gen 30,37)

* Samson besaß eine unglaubliche Kraft. Diese steckte anscheinend in seinen Haaren. (Ri 16,17)

* Elisa kann eine Quelle reinigen. Hierfür nutzte sie eine neue Schale und Salz. (2 Kön 2,19-22)

* Es gibt zahlreiche Wunder, welche der Zauberei gleichen. Es gab regelrechte Wettstreite zwischen Propheten und fremden Magiern. Ein Beispiel dafür ist Mose, welcher Plagen über Ägypten kommen lässt. (Ex 7-12)

All das sind wahrlich Wunder. Hierbei gibt es jedoch einen sehr entscheidenden Unterschied, ob man diese Wunder tatsächlich als solche betrachtet oder ob sie verurteilte Magie sind. Als Wunder gelten sie, wenn Gott diese geschehen ließ. Ein Magier handelt jedoch eigenmächtig.

Es reicht aber nicht aus, wenn wir nur einen Blick auf das Alte Testament werfen. Ich habe daher für dich auch das Neue Testament genauer betrachtet. In diesem wird die Magie tatsächlich als technisierte Bemächtigung betrachtet und auch abgelehnt. Bei der Konfrontation zwischen Magier und den Jüngern von Jesu erwiesen sich die Magier bezüglich der Wunder als unterlegen. Wenn man sich aber die Magier in der Weihnachtserzählung (Mt 2,1-12) anschaut, wird man feststellen, dass diese auch eine positive Möglichkeit aufzeigen, dass heidnisch magische Praktiken zum Evangelium hinführen. Diese bereiten sie sogar vor.

„Die Überwindung dämonischer Mächte und magischer Bindungen durch Jesus Christus" [3] – das ist der theologische Leitgedanke, wenn man sich die Magie im Neuen Testament anschaut.

Judentum

Die Magie wurde im Christentum regelrecht als Aberglaube betrachtet. Durch diesen Aberglauben jagte man damals auch die Hexen, um sie zu verbrennen, und dem Aberglauben ein Ende zu setzen.

Wirft man allerdings einen Blick auf den jüdischen Glauben und die Lehre der Kabbala (mystische Tradition des Judentums) wird schnell klar, dass hier die magischen Traditionen mit der Religion vereint werden. Ein Seminar für Judaistik gibt es an der Universität Halle-Wittenberg. Es gibt zwei Forschungsgruppen, welche zum einen der Ursprung und Entwicklung der Lehre der Kabbala und zum anderen die Schriften eines sehr wichtigen jüdischen Gelehrten erforschen. Die Schriften des jüdischen Gelehrten sind deshalb besonders, weil sie unter anderem eine Sammlung von magischen Rezepten enthalten.

An übernatürliche Kräfte glauben sehr viele religiöse Menschen auf unterschiedliche Art und Weise, tatsächlich würden aber nur die wenigsten Magie damit in Verbindung bringen.

Prof. Dr. Gerold Necker, welcher an der Universität Halle-Wittenberg tätig ist, sagte: „Im 19. Jahrhundert ist es populär geworden, Magie als Aberglaube zu verdammen, und Religion als etwas Rationales zu betrachten".

Ursprünglich hat es diese Unterscheidung jedoch gar nicht gegeben, es war vielmehr das Gegenteil der Fall. Die Esoterik sei sogar ein Teil von vielen Religionen auf unserer Welt. Mit Esoterik ist der Glaube an die Wirksamkeit bezüglich verschiedener Gebete, Symbole und Rituale gemeint.

Im 12. Jahrhundert wurde die Lehre der Kabbala im Judentum entworfen. Durch diese werden magisch-mystische Traditionen mit den Religionstheorien verbunden. Der Gelehrte erarbeitete in diesen Theorien die Schöpfung unserer Welt. Die Lehre belegt, dass man nicht ausschloss, dass magische Praktiken bei der Schöpfung eine Rolle spielten.

Die DFG, ausgesprochen die Deutsche Forschungsgemeinschaft, fördert zwei Projekte, welche die Kabbala untersucht. Es sind zwei Projekte notwendig, da die Lehre einen theoretischen, sowie einen praktischen Teil enthält. Im theoretischen Teil geht es hauptsächlich um die Schöpfungsgeschichte. Gottes Selbstoffenbarung hinsichtlich seiner zehn Wirkungskräfte ist der Beginn der Schöpfungsgeschichte.

Kabbalisten nahmen im 16. Jahrhundert an, dass Gott sich in sich selbst zusammenziehen musste, damit es überhaupt einen Platz für die Erschaffung der Welt gab. Es wird davon ausgegangen, dass es diesbezüglich eine Katastrophe gab, bei welcher die Welt das göttliche Licht nicht aufgenommen hat und dieses Licht als Funken in die Welt fiel. Necker meint, dass es die Aufgabe der menschlichen Welt ist, eben diese göttlichen Funken zurückzubringen. Das eigene Leben ergibt durch diese Weltanschauung somit auch einen Sinn.

Damit der theoretische Teil auch erfüllt werden kann, ist eben auch ein praktischer Teil notwendig. Eine ganz wichtige Rolle spielen hierbei Bräuche, Gebete und Rituale. Demzufolge kann man die praktische Kabbala auch als Synonym für die Magie betrachten. Hast du eigentlich gewusst, dass man den hebräischen Buchstaben eine magische Kraft zuschreibt? Dies ist auch der Grund, warum sie eine wichtige Rolle spielen, ebenso wie heilige Namen.

In der praktischen Kabbala geht es wohl um den Alltag der Menschen, meint Necker. Im Judentum wurde immer wieder darüber diskutiert, welche Auswirkungen wohl die Magie auf die täglichen menschlichen Probleme hat. Dabei geht es zum Beispiel um Krankheiten. Verurteilt hat man die Magie im Judentum allerdings nicht. Man legte Frauen beispielsweise auch Amulette auf den Bauch, um die Kindersterblichkeit zu reduzieren. Damit man Krankheiten besiegen konnte, wurden Engel beschworen. Ziemlich interessant ist auch, dass es wohl sogenannte Liebeszauber gab.

Wer nach den Lehren sucht, findet diese nicht nur in komplizierten Schriften, sondern auch in Traktaten. Diese sind leicht verständlich. „Keter Shem Tov" (Die Krone des guten Namens) zählt hier beispielsweise dazu. Im 13. Jahrhundert gab es davon bereits die erste Version. Wie so vieles wurden auch diese über all die Jahrhunderte hinweg mehrfach verändert. Eine wichtige Rolle spielte hierbei die Entwicklung der Lehrer und natürlich auch das, worauf der Schreiber selbst Wert legte.

Zu einem der mystischen Gelehrten zählte auch Moses Zacuto. Dieser lebte von 1610 bis 1697. Zu seiner Zeit war er Rabbiner von Venedig und Mantua. Necker und der israelische Professor Yuval Harari, der an der Ben-Gurion-Universität tätig ist, untersuchten gemeinsam, wie Moses Zacuto das Wissen über die Magie sammelte und dann das Wissen in Verbindung mit der Kabbala brachte. Er sammelte beispielsweise Namen, welche für Amulette und Beschwörungsformeln eingesetzt wurden. Unter anderem schrieb er an seine Schüler Briefe, welche den Rat enthielten, magische Rezepte aufzuschreiben.

Es muss wohl einen Brief gegeben haben, in welchem ein Rezept vom Gelehrten niedergeschrieben wurde, das zur Herstellung eines Amulettes gedacht war. Dieses sollte für die erkrankte Tochter eines Schülers sein.

Laut Necker war Zacuto ein eher konservativer Gelehrter. Dies nimmt er an, da er sich hauptsächlich auf die ursprüngliche Kabbala Versionen bezogen hatte. Dennoch hat auch er diese Lehre weiterentwickelt. Wenn es um Rituale ging, galt er als Liebhaber dieser. Ganz besonders liebte er selbst die Gebetskreise.

Islam

Wer in den islamischen Schriften nach dem Wort Magie sucht, wird früher oder später auf das Wort Sihr stoßen, denn dieses steht tatsächlich für Magie. Magische Praktiken werden ganz besonders im Koran und im Hadith verurteilt. Sie werden sogar als heidnische Praktiken angesehen. Allerdings wird Sihr auch als Restbestand von himmlischen Weisheiten in einigen Versen wiedergefunden. Eben diese wurden den Menschen angeblich durch Engel übermittelt.

Iblis, so bezeichnet man im Islamischen den Teufel, wurde mitsamt seinem Gefolge aus dem Paradies verwiesen. Der Grund dafür war seine Weigerung, sich Adam zu unterwerfen.

Seit jeher werden im Islam die gottestreuen Engel und die sogenannten aufrührerischen Teufel unterschieden.

Die Magie wird im Koran an mehreren Stellen erwähnt. Hierfür habe ich für dich ein paar Beispiele herausgesucht: (4)

- ✶ Sure 113: Es gab viele Magierinnen und Magier, als der Islam entstand. Sie sollen auf Knoten geblasen haben, was den Menschen Angst einjagte. Die Sure 113 soll die Menschheit vor eben diesen Zaubern schützen.
- ✶ Sure 20,17: Moses hatte einen Stab, welcher zur Schlange gemacht wird.
- ✶ Sure 2, 102 und 27,17: In beiden Suren ist die Rede von Dämonen, welche Salomon dienen.

Als eine der schwersten Sünden wurde die Magie von Mohammed angesehen. Nach dem Hadith soll ein Mensch, welcher Magie anwendet, sogar zum Tode verurteilt werden. Im Koran sind es aber nicht die zaubernden Menschen, welche verurteilt werden, sondern jene, die sich von den gefallenen Engeln verzaubern lassen. Im islamischen Recht wird die Magie sogar toleriert. Sie wird in weiße oder schwarze Magie unterschieden. Spricht man im Islam von schwarzer Magie, so ist jene Magie gemeint, welche von Dämonen beherrscht wird.

Al-Ghazâlîs (ein persischer islamischer Theologe) war der Meinung, dass Magie auf Kenntnis von Eigenschaften astrologischer Konstellationen und bestimmter Stoffe günstig sei. Genau aus diesem Grund sollte das Wissen über die Magie nicht verurteilt, aber auch nicht benutzt werden, um anderen Menschen Schaden oder etwas Böses zuzufügen.

In acht verschiedene Arten wurde die Magie von dem iranischen Gelehrten Fachrr ad-Dîn ar-Râzî unterteilt:

- ✶ Magie, die mit Erdgeistern zu tun hat (Beispiel: Dschinn bei Aladin)
- ✶ Psychische Magie
- ✶ Auf Sternendeutung gestützte Magie (Magie der Chaldäer)
- ✶ Gaukelei (Sinnestäuschung)
- ✶ Säen von Zwietracht (Ohrenbläserei)
- ✶ Drogen (Nutzung und Wirkung)
- ✶ Magie durch Maschinen und Automaten (wunderhafte Werke)
- ✶ Verführung der Herzen (es wird behauptet, dass man größte Gottesnamen kennt oder gar einem Dschinn Befehle erteilen kann)

Die fünf Farben der Magie

Auf einem Tisch steht eine Puppe aus Wachs. Ein Mann steht neben diesem Tisch und hat in seiner Hand eine Nadel, welche er in die Flamme einer Kerze hält. Kurz darauf nimmt er die Nadel aus der Flamme und steckt sie in die Wachspuppe hinein. Dabei spricht er Beschwörungen vor sich hin.

Die Wachspuppe ist das Symbol für eine Person, der ein schweres Unglück widerfahren soll. Es kann sich hierbei um eine Person handeln, welche dem Mann nicht wohlgesonnen ist, oder mit welcher er Schwierigkeiten hat.

Ganz gewiss denkst du nun, dass dies ein Ritual der schwarzen Magie ist, oder? Der Grund dafür wird die Annahme sein, dass ein Ritual, durch welches eine andere Person ein Unglück erleiden soll, doch keineswegs ein weißes Ritual sein kann. Weiß ist immerhin die Farbe der Reinlichkeit und somit stellt die weiße Magie wahrscheinlich für den Großteil der Menschen oder angehenden Hexen wie dich die gute Magie dar. Ob dies aber wirklich so ist, schauen wir uns nun einmal genauer an.

Tatsächlich ist es so, dass die schwarze Magie von zahlreichen Ritualen und Arten umfasst wird, wodurch es uns unmöglich ist, diese aufzuzählen. Und doch haben sie alle eine Sache gemeinsam: Mithilfe von fremden Wesen oder Energien versucht derjenige, welcher die Rituale ausübt, einer anderen Person etwas aufzuzwingen. Durch die verschiedenen Rituale versucht ein Schwarzmagier Macht über andere Personen auszuüben. Dazu nutzt er die Energien oder auch Geister. Demzufolge ist klar, dass dessen ausgeübte Macht eine negative Macht darstellt. Dem Opfer soll Schaden zugefügt werden, genau das ist auch das Ziel eines Schwarzmagiers.

Das Gegenteil ist bei der weißen Magie der Fall. Hier soll die Macht, welche auf andere einwirkt, positiv sein. Es spielt dabei auch keine Rolle, welche Ursachen es für die Anwendung der weißen Magie gibt. Durch deren Anwendung soll eine positive Kraft auf andere Menschen einwirken, ganz egal, ob das Rauchen abgewöhnt, das Geld auf dem Konto sich vermehren oder eine Krankheit geheilt werden soll.

Lass uns nun einen genaueren Blick darauf werfen, worin das Gute der weißen Magie besteht: Wer die weiße Magie anwendet, der hat sich zum Ziel gemacht, Dinge geschehen zu lassen, die anderen zugutekommen. Hinzu kommt, dass der

Ausführende die guten Energien und die guten Geister in Anspruch nimmt. Demzufolge sind sehr viele Weißmagier auch davon überzeugt, dass all ihre Rituale, welche sie ausführen, nicht gefährlich sind. Ihrer Meinung nach besitzen sie die Sicherheit, die guten von den bösen Geistern unterscheiden zu können. Außerdem besteht die Annahme, dass die guten Geister ihnen nichts vorgaukeln und ihnen stets die Wahrheit sagen.

Wie denkst du darüber? Kann man tatsächlich davon ausgehen, dass andere, auch wenn es gute Geister sind, tatsächlich die Wahrheit sagen?

Noch immer ist umstritten, ob die Geister, sowie Energien tatsächlich existieren, ganz egal, ob man von weißer oder schwarzer Magie spricht. Ganz gewiss ist jedoch, dass es niemals zu einhundert Prozent nachgewiesen werden kann. Ebenfalls ist es sicher, dass die Auswirkungen von Magie, egal ob schwarz oder weiß, andere Menschen unfrei machen und tatsächlich zu Zwängen führen können. In folgenden Beispielen kann dies der Fall sein:

- ✶ Fremde Mächte, die angerufen werden
- ✶ Es können Ängste auftauchen, demzufolge auch sich selbst gegenüber
- ✶ Menschen, welche die Rituale praktizieren

Man kann aus diesem Grund sagen, dass weder die magischen Wesen, noch die Energien existieren, und somit weder weiße, noch schwarze Magie etwas bewirken. Oder aber man sagt, dass diese sehr wohl existieren und dass man sich diesen selbst ausliefert.

Spricht man von der weißen Magie, so ist oftmals auch die Rede von Naturmagie. Bei dieser versucht man die okkulten und natürlichen Energien zu nutzen.

Hast du gewusst, dass man die weiße und schwarze Magie bis ins 13. Jahrhundert gar nicht voneinander getrennt betrachtet hat? Der Grund dafür war damals die Annahme, dass sich sowohl die weiße, als auch die schwarze Magie von dämonischen Kräften bedienen.

Der schwarzen Magie ordnet man die Beschwörung von bösen Geistern zu. Die Menschen, welche die schwarze Magie ausführen, brachten somit Schaden über andere, was sie wiederum für sich selbst nutzbar machten.

Tatsache ist aber, dass sich besonders bei mittelalterlichen Traditionen die weiße und die schwarze Magie in der Realität ganz häufig miteinander vermischen. Es ist auch so, dass sich viele Elemente, welche man durch die schwarze Magie kennt, auch in der weißen Magie wiederfinden lassen. Man nutzt beispielsweise die Behandlung von Krankheiten durch Kräutermedizin und Beschwörungsformeln. Dies stellt ein ganz klares Zeichen dar, dass beide Arten von Magie miteinander etwas zu tun haben. Um diesbezüglich mehr Klarheit zu erlangen, habe ich beide Arten etwas genauer unter die Lupe genommen. Das Ergebnis möchte ich dir natürlich nicht länger vorenthalten.

Vielleicht hast du auch schon einmal etwas über die rote Magie gehört. Auch diese habe ich mir genauer angesehen. Was sich dahinter verbirgt, wirst du ebenfalls in diesem Kapitel erfahren.

Die weiße Magie

Zauber für das eigene Selbstbewusstsein

Ich kenne meine Schwächen,
Ich kenne meine Stärken.
Ich glaube an mich und meine Stärken
und weiß sie zu nutzen.
Ich suche nun das Licht
dass es meine Seele füllt
Spiegel nimm meine Kraft,
nimm meine Stärke,
ich übertrage Dir meine Energie
Das ist mein Wille, also geschehe es! [5]

Die weiße Magie wird, wie bereits erwähnt, auch als Naturmagie bezeichnet. Daher ist es auch kein Wunder, dass die Kräfte der weißen Magie auch innerhalb der Naturwissenschaft erforscht werden. Mit den verborgenen Eigenschaften, deren Anteil sogar recht hoch ist, sah sich die Wissenschaft hier konfrontiert. Die Ursachen, aber auch die Wirkung sind tatsächlich nicht bekannt.

Üblicherweise erklärte man Pflanzen, Steine oder Tiere mit deren psychischer Beschaffenheit. Hierfür möchte ich dir natürlich auch ein Beispiel zur Verfügung stellen:

Eine Krankheit wird durch Trockenheit oder Hitze verursacht. Dagegen setzt man eine feuchte Pflanze ein. Ist die Pflanze tatsächlich feucht, so spricht man von einer offenen Eigenschaft. Dieser stehen die verborgenen okkulten Eigenschaften gegenüber.

Wenn die Pflanze wirklich gegen die durch Hitze verursachte Krankheit wirkte, sah man die dafür verantwortlichen Eigenschaften nicht, sie blieben weiterhin verborgen. Die Wirkung der Pflanze hat somit eine okkulte Eigenschaft. Eben diese bezeichnet man als Phänomene, die zum Forschungsgegenstand von natürlicher Magie wurden.

Die symbolische Qualität eines Objektes spielte hierbei zudem eine zentrale Rolle. Nicht relevant waren dafür die inneren Eigenschaften oder die Struktur. Nur die äußere Form des Objektes ließ auf eine bestimmte Wirkung schließen. Daher nahm man an, dass beispielsweise eine Pflanze, deren Blätter herzförmig sind, zum Heilen des Herzens eingesetzt werden könnte. Hierfür verwendet man den Begriff sympathische Magie.

Die weiße Magie stellt das Gegenteil der schwarzen Magie dar. Demzufolge gilt auch hier ein gegenteiliges Prinzip. Wirft man einen Blick zurück in das Mittelalter und schaut speziell auf den Wolf, wird einem schnell klar, dass man ihm eine Antipathie gegen Schafe zugeschrieben hatte. Das Schaf ist ein Grasfresser und etwas kleiner als der Wolf. Demzufolge sei der Wolf stärker. Zur damaligen Zeit nahm man an, dass die Trommeln, welche man mit Wolfshaut bespannt hatte, viel lautere Töne von sich geben könnten.

Die Lebewesen der Natur sollten sich in einer Beziehung von Sympathie und Antipathie befinden, das nahm man bereits in der Antike an. Im Mittelalter zählte das bereits zum normalen Denken. Eine große Bedeutung soll diese Beziehung auch in anderen Bereichen haben. Demzufolge wurde die Beziehung auch in der Magie angewandt.

Ebenfalls Einfluss nahmen die animistischen Vorstellungen auf die Ursacheneinschätzung bezüglich magischer Effekte. Alles, was sich in der Natur befindet, soll von Geistern beseelt sein, zumindest ging man davon aus. Das Resultat daraus war, dass man ebenfalls davon annahm, die Geister könnten sich gegen jemanden wenden, wenn man versuchte, eines dieser Objekte zu nutzen.

Möglicherweise hast auch du die Harry-Potter-Filme gesehen und erinnerst dich an die Szene, in welcher die Schüler die Alraunen umpflanzen. Im Film gleichen die Wurzeln einer menschlichen Gestalt, doch wusstest du, dass dies auch in Wirklichkeit so ist? Aus diesem Grund schreibt man der Alraune besondere Kräfte zu. Wenn man die Wurzel der Pflanze ausgraben wollte, legte man einen Teil von einem Seil um die Pflanze und das andere Ende um einen Hund. Man tat dies, damit sich die Geister, welche in der Pflanze wohnten, sich nicht gegen den Menschen richten, sondern gegen das Tier. Immerhin hatte das Tier die Pflanze herausgezogen. Das ist ganz schön hinterlistig, oder?

Die Philosophie der weißen Magie: Weiß ist die Farbe des Lichts, der Heilung und der Moral. Wenn du schon einmal deine Räumlichkeiten umgestaltet hast und das eine oder andere Möbel- oder Dekorationsstück in der Farbe Weiß eingesetzt hast, wirst du vielleicht bemerkt haben, dass die Farbe ein Gleichgewicht herstellt. Genau das Gleiche macht die Farbe auch bei den Kräften. Weiß versucht, ein Gleichgewicht zwischen den Kräften herzustellen. Frieden wird hier notfalls auch durch Waffengewalt erzwungen. Wer der weißen Magie angehört, schätzt Recht und Ordnung. Das kann oftmals auch bis hin zum Fanatismus gehen. Der Gemeinschaft wird zudem ein höherer Wert als dem Individuum zugesprochen.

Die Farben Blau und Grün sind die Verbündeten von Weiß. Blau und Weiß teilen sich speziell die Vorliebe für planvolles Handeln. Grün und Weiß teilen sich die Achtung vor dem Leben. Rot hinterlässt oftmals ein Chaos. Weiß bekämpft dieses, sowie die Verderbnis der schwarzen Magie.

Ihre Energie, auch das weiße Mana genannt, beziehen die weißen Magier aus verschiedenen Ebenen. Verkörpert wird die Farbe Weiß beispielsweise durch:

- ✷ Engel
- ✷ Ritter
- ✷ Soldaten
- ✷ Kleriker

Die Farbe Weiß hat folgende Fähigkeiten:

- ✷ Schadensverhinderung
- ✷ Extraleben erzeugen
- ✷ Schutz vor einer Farbe
- ✷ Wachsamkeit

Weiß hat auch eine besondere Verbindung zu Verzauberungen, denn diese können sowohl zerstört, als auch zum eigenen Vorteil genutzt werden.

Die schwarze Magie

"Tabali Atuka Montelit
Tabali Atuka Montelit
Dein Glück verdunkelt, stirbt und erlischt.
Kissamu Balatas Merodeim
Kissamu Balatas Merodei
Nur Unglück, Pech und Schlechtes bleibt.
Hebusto Malitako Tain
Hebusto Malitako Tain
Genau so wird es sein.

Glück verdunkelt,
Paloma runzelt,
Glück erloschen,
Parasta Roschen,
Glück gestorben,
Patina Korben. [6]

Zu früheren Zeiten zählten all die Dinge, welche mit Zauberei einhergingen, automatisch zur schwarzen Magie. Demzufolge las man auch in vielen Strafprozessakten, dass Beschwörungen von Geistern, Bildzauber, Liebeszauber und auch die Wahrsagerei als Ursache für die Verhaftung von manchen Personen galt.

Die einzige Ausnahme bildete hier das Verfluchen. Dafür gab es folgenden Grund: Man konnte sehr selten nachweisen, dass jemand einen anderen verflucht hatte, da Flüche dann ausgesprochen wurden, wenn die Opfer selbst nicht anwesend waren. Gleiches gilt auch für Vergiftungen durch Zaubertränke. Es war sehr schwierig zu beweisen, dass der Täter sein Opfer tatsächlich vergiftete. Somit hatten die Täter in diesen Punkten jede Menge Glück.

Damals ging man davon aus, dass die magischen Rituale nur funktionieren können, wenn diese vor den Opfern geheim gehalten ausgeführt wurden. Allerdings war es aber auch so, dass die Rituale heimlich ausgeführt wurden, weil die Anwender durch weltliche und geistliche Obrigkeiten verfolgt wurden.

Schwarz ist uns allen als Farbe der Nacht, der Dunkelheit, des Todes und des Verrats bekannt. Dazu zählen auch alle unaussprechlichen Schrecken und Kreaturen, die jede Menge Furcht einflössen. Dennoch ist es falsch zu sagen, dass schwarz einzig und allein böse ist. Ein schwarzer Magier strebt stets nach Macht und der Erfüllung seiner egoistischen Wünsche. Seine Ziele verfolgt er um jeden Preis. Wenn es sich anbietet, gehen Schwarzmagier auch über Leichen.

Weiß und Grün haben einen hohen Sinn für Gemeinschaft, sowie Harmonie. Demzufolge sind sie der Feind von Schwarz. Hin und wieder gehen Schwarzmagier mit roten oder blauen Magiern Verbindungen ein.

Ihre Kraft beziehen die schwarzen Magier aus Sümpfen. Zu den schwarzen Kreaturen zählen zum Beispiel:

- ✶ Dämonen
- ✶ Vampire
- ✶ Zombies

Bei diesen und vielen anderen schwarzen Kreaturen findet man häufig die Eigenschaften Furcht und Regeneration. Schwarzmagier schrecken nicht davor zurück, mit eigenen Lebenspunkten zu bezahlen oder Kreaturen zu opfern, um ihre egoistischen Ziele zu erreichen. Schwarz ist unter anderem darauf spezialisiert, Kreaturen zu vernichten oder sie als seelenlose Untote wieder auferstehen zu lassen.

Die rote Magie

Auch die rote Magie verfolgt negative Absichten, und ist somit eine Variante der schwarzen Magie. Tatsächlich ist sie die wahrhaftigste und gefährlichste Magie. Man bezeichnet sie auch als Magie des Teufels und der bösen Geister. Gänse werden als Opfer in den Messen der roten Magie dargeboten.

Die bekannteste Form der roten Magie ist der Voodoo Zauber. Dieser hat seine Wurzeln im afrikanischen Totemglauben. Das Ziel der abgehaltenen Messen ist es, eigene Ur-Mächte mit dem Namen Loas zu aktivieren. Dazu werden Tanz, Musik, Tieropfer und Trance genutzt. Die Ausführenden werden Voodoo-Priester genannt und befinden sich während der Messe in Trance. Hierbei handeln sie wie ein Medium, welches sich den Kräften und Energien ergibt.

Die Macumba-Zeremonien der brasilianischen Ureinwohner sind ähnlich wie die des Voodoo. Hierbei handelt es sich aber speziell um Messen mit erotischem Inhalt. Der Sexzauber ist hierbei die Basis. Die Voodoo-Messen werden hauptsächlich auf Friedhöfen abgehalten. Macumba-Messen werden jedoch auf offenen Plätzen oder in Wäldern durchgeführt.

Der Punkt bei Voodoo, der unbewiesen aber doch sehr oft diskutiert wird, sind Zombies (also aus dem Grab Entstiegene). Bei der schwarzen Magie hat der Magier die Aufgabe, die wiedererweckten seelenlosen Toten zu lenken. Dafür benutzt er die Hypnose.

Emotionen und Leidenschaft sind das, wofür die Farbe Rot steht. Zudem lebt Rot für den Augenblick und handelt oft sehr impulsiv. Ein roter Magier ist ungeduldig, herrisch und hat einen Hang zu Chaos und Zerstörung. Das kann man auch mit den Naturgewalten des Feuers und der Erde vergleichen, denn über diese gebieten sie. Ein roter Schamane hat seine Hand im Spiel, wenn die Erde zu beben beginnt und Vulkane Lava spucken.

Als Verbündete sehen die roten Magier die grünen und schwarzen Magier an. Blau und Weiß sind jedoch deren Feinde, denn beide haben eine gewisse Ordnung, welcher sich rote Magier nicht unterwerfen wollen.

Das rote Mana kommt aus dem Gebirge. Deren Bewohner sind beispielsweise:

- ✶ Goblins
- ✶ Minotauren
- ✶ Diverse Barbarenclans
- ✶ Elementarwesen des Feuers
- ✶ Drachen

Rote Magier sind sehr oft in Eile. Eine Fähigkeit der roten Magie ist es, sehr perfektioniert für einen Direktschaden zu sorgen. Außerdem kann Rot auch Länder oder Artefakte zerstören.

Die blaue Magie

Nicht nur die Farben Weiß, Rot oder Schwarz spielen bei der Magie eine Rolle. Auch die blaue Farbe findet man sehr häufig wieder. Ganz besonders bei magischen Handlungen und Brauchtümern des Mittelalters erkennt man eine starke Verbindung zwischen Blau und jenen Ritualen, welche der Heilung und dem häuslichen Schutz dienen.

> „Der Fieberkranke (…) wickelt einen blauen Wollenfaden neunmal um eine Zehe des linken Fußes und trägt ihn neun Tage daran, dann geht er vor Sonnenaufgang stillschweigend an einen Holunder-* oder Fliederstrauch, bindet ihm den Faden um und sagt:
>
> Goden Abend, Herr Fleder,
> Hier bring' ik min Feber,
> Ik bind' em Di an
> Und gah davan." [7]

Blau ist zudem auch die Farbe des Verstands und der Manipulation. Magier, welche die blaue Magie praktizieren, schmieden Pläne und stricken Intrigen, erschaffen Illusionen und üben sich in Kontrolle von Gedanken. Nichts wird vom blauen Magier so sehr geschätzt wie das Wissen. Darum sammelt er auch immer wieder Neues. Ihm stehen außerdem die Naturgewalten von Luft und Wasser zur Verfügung.

Obwohl Schwarz und Weiß untereinander eher verfeindet sind, treten sie oft als Alliierte von Blau auf. Blau und Schwarz teilen einen gewissen Hang zum Opportunismus (zweckmäßige Anpassung an die jeweilige Situation). Die Feinde sind hier die wilde Natur des Grünen, sowie das impulsive Handeln vom chaotischen Rot.

Das blaue Mana stammt von Inseln. Zu den blauen Kreaturen zählen beispielsweise:

* Feen
* Zauberer
* Angehörige des Meeresvolkes
* Manifestationen der Elemente Luft und Wasser

Es gibt keine andere Farbe, welche so viele Kreaturen mit Flugfähigkeit hat wie blau. Die Schwäche von Blau ist, bleibende Karten, die ins Spiel gelangt sind, wieder loszuwerden. Diese können sie nicht zerstören. Allerdings können blaue Magier die Kontrolle über diese übernehmen und diese dann auf die Hand des Besitzers zurückschicken. Blau hat außerdem Zugriff auf zahlreiche Neutralisierungszauber, und der Magier kann somit einen Zauberspruch direkt auf den Friedhof schicken.

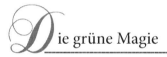

Die grüne Magie

Die Farbe der Natur ist Grün. Auf der einen Seite ist sie die Farbe des Lebens und des Wachstums, auf der anderen aber gleichzeitig auch der ungebändigten Wildnis, des Fressens und Gefressenwerdens. Ein grüner Magier achtet jedes Leben. Sie wissen aber ebenfalls um den ewigen Kreislauf. Ihre Richtlinien finden sie in den Gesetzen der Natur. Alles, was künstlich oder unnatürlich ist, verabscheuen sie.

Als Gegenspieler von Grün kann man das listige Blau und das todbringende Schwarz ansehen. Weiß schätzt ebenso das Leben wert und Rot hat eine natürliche Wildheit. Beide sind daher eher Verbündete von Grün.

Die Quellen des grünen Manas sind die Wälder. Dort leben unter anderem folgende Kreaturen:

* Druiden
* Baumhirten
* Elfen
* Jäger
* Wilde Kreaturen (Spinnen, Bären, Würmer, mächtige Biester)

In der Regel sind die grünen Kreaturen immer etwas größer als jene anderer Farben. Viele von ihnen verursachen einen Trampelschaden und haben die Eigenschaft der Reichweite. In erster Linie beschäftigt sich die grüne Magie mit Wachstum, einerseits mit dem Wachstum der eigenen Kreaturen, und andererseits kann Grün auch zusätzliches Mana zur Verfügung stellen. Dies geschieht beispielsweise durch Landsuche-Effekte oder Kreaturen, welche dazu fähig sind, extra Mana zu produzieren.

Grün versteht sich ganz besonders darauf, Artefakte und Verzauberung zu zerstören. Hier wird die Abneigung gegen alles, was unnatürlich ist, sehr deutlich.

Fazit

An dieser Stelle möchte ich noch einmal festhalten, dass die weiße Magie eine Tendenz dazu hat, Übel wie Krankheiten von den Menschen zu nehmen und ihnen Schutz zu bieten.

Das Ziel der schwarzen Magie besteht jedoch darin, anderen Menschen Schaden zuzufügen. Der Magier, welcher die schwarze Magie ausübt, möchte sich zudem Vorteile verschaffen, welche er sonst nicht erlangen kann.

Die Praktiken beider Magiearten ähneln sich, wodurch es schwierig wird, sie tatsächlich voneinander unterscheiden zu können. Außerdem lassen sich auch bei den Zielen sehr häufig Überschneidungen erkennen.

Ein Liebeszauber fiel genau aus diesem Grund in den Bereich der schwarzen Magie. War es jedoch so, dass man durch die Anwendung dieses Zaubers nur versuchte, die Liebe seines Ehegatten zurückzugewinnen, sah man den Liebeszauber zwar als böse an, doch er wurde dennoch als wenig verwerflich betrachtet. Er galt daher als Schadenszauber. Immerhin wurde mit magischer Kraft versucht, über einen anderen Menschen und dessen Willen zu bestimmen.

Was ist ein Fluch?

Dort hat man mir Unrechtes angetan…
Ich rufe die Elemente zusammen…
Ich evoziere sie.
Ich beschwöre sie, um mein Bieten zu tun.
Die vier Wachtürme werden deine Augen und deinen Verstand versteinern.
Dort soll Furcht und Schuld und schlechtes Blut sein.
Dort soll Unterwerfung und kein Mitleid sein.
Ich richte das dreifache Gesetz gegen dich.
Gegen dich ist es gezeigt.
Dreifach hundert Schläge sind die Kosten für meinen Zorn und Schmerz.
Dich soll die Furcht blind machen.
Erblindet durch Schmerz.
Erblindet durch mich.
Gebunden durch mich.
Verflucht durch mich.
So sei es! [8]

Wie bereits im vorangegangenen Kapitel angesprochen, beschäftigt sich die Magie auch mit Flüchen. In den verschiedenen Fantasyfilmen und Büchern hast auch du sicher bereits bemerkt, was Flüche dort ein sehr wichtiger Bestandteil sind. Was aber ist eigentlich ein Fluch? Ich habe mich mit dem Begriff einmal genauer auseinandergesetzt und dabei festgestellt, dass sich hinter dem kleinen Wort viel mehr verbirgt als nur ein böser Zauber.

Definition eines Fluches

Das Wort Fluch beschreibt einen Zauberspruch bzw. Spruch, welcher Unheil über einen anderen Menschen oder sogar über ganze Orte bringen soll. Man verbindet einen Fluch hin und wieder auch mit Mimik und Gestik. Ein Mensch, welcher einen Fluch anwendet, kann folgende Gründe dafür haben:

* Neid
* Rache
* Strafe
* Wunsch
* Zorn

Wenn man jemanden mit einem Fluch belegen möchte, muss die Person noch nicht einmal anwesend sein. Der Ausführende, welcher einen Ort verfluchen möchte, muss sich auch nicht direkt vor Ort befinden. Es ist sogar ein wahrer Segen, wenn die Person, welche mit dem Fluch belegt werden soll, nicht anwesend ist.

Aus religiöser Sicht ist ein Fluch eine gegensätzliche Kraft, die eine Segnung des Menschen bekämpfen soll. Kurzum: Ein Fluch ist etwas, was das Gute bekämpfen soll.

Wann aber macht sich denn eigentlich ein Fluch bemerkbar? Auch damit habe ich mich ausführlich für dich auseinandergesetzt. Ein Fluch macht sich demnach bemerkbar, wenn:

* Andere Erfolg haben
* Andere Freude haben
* Andere rundum glücklich sind
* Andere ein Ziel nach dem anderen erreichen
* Andere stark sind
* Andere alles bekommen zu scheinen
* Jemand bester Gesundheit ist
* Die Liebe es gut mit einem meint

… und man selbst aber anscheinend im Regen steht und auf all das nur hoffen kann.

Dies lässt schlussfolgern, dass ein Fluch auch als Urteil gegen eine Person, einen Ort oder gar gegen einen Gegenstand betrachtet werden kann, wenn Bestrafung oder Verletzung im Raum stehen.

Ein Fluch wird auch immer wieder eine Vollmacht für die finsteren Mächte, beispielsweise gefallene Engel oder Dämonen, darstellen. Die eben genannten Kreaturen sollen und dürfen Krankheit, Scham, Schmerz oder Verwüstung über den zu verfluchenden Menschen bringen.

In unserer Sprache findet man umgangssprachlich gesehen heutzutage auch zahlreiche Flüche, die man aber eher als Schimpfen, beziehungsweise Beschimpfung bezeichnet. Ganz beliebt ist hierzulande das Wort „Scheiße". Manchmal sagt man auch zu einem anderen Menschen: „Fahr doch zur Hölle!". Auch das gilt eher als Beschimpfung.

Wusstest du, dass es seit 1916 in den Niederlanden einen Bund gegen das Fluchen gibt? Dieser heißt: „Bond tegen vloeken" (niederländisch; „Bund gegen Fluchen"). Dahinter verbirgt sich eine christliche Organisation. Diese setzt sich für einen respektvollen Umgang unter den Menschen ein. Man solle auf Schimpfwörter und das Fluchen verzichten. Außerdem wird von der Organisation auch der Gebrauch von grober Sprache und Verwünschungen kritisiert.

Man kann das Wort aber auch wie folgt erklären: Ein Fluch ist eine Sanktion, welche weit über die Absichten des Verfluchenden hinauswirken.

Auch Maximilian Oettinger, ein Autor, der sich mit Hexerei befasste, untersuchte den Fluch im Hinblick auf christliche und jüdische Traditionen. Seiner Meinung nach gibt es für die Beobachtung eines Fluches fünf wichtige Elemente:

- ✯ Der Zweck eines Fluches ist die Strafe. Mit anderen Worten gesagt: Unrecht ist geschehen. Der Fluch stellt die Reaktion des Opfers dar und richtet sich gegen den für das Unrecht Verantwortlichen.

- ✯ Wer flucht, nimmt an, dem Täter ohnmächtig ausgeliefert zu sein. Er glaubt außerdem, dass es kein Rechtsmittel gibt, welches für Vergeltung sorgen kann. Der Fluch ist somit nicht nur die höchste Strafe, sondern auch die letzte Waffe des Fluchenden.

- ✯ Durch die Ohnmacht wird eine affektive Spannung erzeugt. Diese Spannung entlädt sich dann, wenn der Fluch ausgesprochen wird. Hier lässt sich die Verwandtschaft zwischen Fluch und Rache ganz deutlich erkennen.

- ✯ Als Unterstützer oder auch als Vollstrecker werden hier höhere Mächte wie Gott angerufen.

Damit ein Fluch wirkt, muss eine Fluchgemeinschaft bestehen. Der Fluchende muss ganz genau davon überzeugt sein, dass sein Umfeld daran glaubt, dass der Fluch tatsächlich wirkt. Christen und Juden sprachen vor Zeugen Sprechakten aus, welche dem Opfer kundgetan worden. Man nannte diese auch öffentliche Sprechakte.

Geschichtliches

Wenn man einmal die Bibel genauer studiert, wird man feststellen, dass sich darin auch die Geschichte des Fluches wiederfinden lässt. Bestimmt hast du schon einmal von Noah gehört. Dieser verfluchte seinen Enkel Kanaan, der Sohn Hams. Aber der erste, welcher laut Bibel einen Fluch aussprach, war Gott selbst, denn er hatte die Schlange, sowie den Erdboden verflucht. Dies kann man sowohl in der jüdischen, als auch in der christlichen Lehre nachlesen (Gen 3,14.17 EU)[2]. Im Koran beschreibt die Sure 111[4] die Verwünschung gegen den Onkel Mohammeds, Abû Lahab.

Doch nicht nur in der Bibel, sondern auch in der Kunst lassen sich Flüche wiederfinden. Dazu schauen wir uns einmal Dornröschens Geschichte an. Wie du sicher weißt, lud der König die 13. Fee nicht ein, da er nur zwölf goldene Teller hatte. Daraufhin legt sie einen Fluch auf die kleine Prinzessin, durch welchen sie an ihrem 16. Geburtstag durch den Stich an einer Spindel tot umfallen soll. Niemand kann diesen Fluch von ihr nehmen. Er kann lediglich durch die zwölfte Fee gemildert werden.

Aber welchen Beweggrund hatte nun die 13. Fee, um solch einen Fluch auszusprechen? Der Fluch war die Bestrafung für den König, da er die 13. Fee nicht zum großen Fest eingeladen hatte.

Im Hinblick auf die Märchen kann man die Flüche demnach als Verwünschungen betrachten. Ich habe hier noch einige weitere Beispiele für dich herausgesucht, die das gut verdeutlichen:

Die sieben Raben: Der Vater verflucht seine Söhne, weil sie beinahe das Leben ihrer Schwester nicht retten konnten. Nur die jüngere Schwester kann die Brüder von ihrem Fluch befreien. Dafür darf sie nicht mehr sprechen, bis sie sieben Hemden aus Brennnesseln vollständig genäht hat.

Schneeweißchen und Rosenrot: Der garstige Zwerg verwünschte beide Prinzen zu einem Falken und zu einem Bären.

Das singende klingende Bäumchen: Der garstige Zwerg verwünscht den Prinzen zu einem Bären, weil er sagte, er würde die Prinzessin in ihrem Verhalten ändern können. Diese wird später auch verwünscht, als sie mit dem Bären streitet, da die Tiere durch ihre Art nicht zu ihr kommen wollen. Der Fluch wird gelöst, da sie sich nach und nach ändert. Der Prinz wird durch wahre Liebe erlöst.

Brüderchen und Schwesterchen: Das Brüderchen trinkt aus einer Quelle, welche durch die böse Stiefmutter verzaubert wurde, und wird dadurch zum Reh.

Der Froschkönig: Der Prinz wurde in einen Frosch verwandelt und kann lediglich durch Gutherzigkeit und Liebe davon erlöst werden.

Die Schöne und das Biest: Einst war das Biest ein Prinz. Dieser wollte eine alte Frau nicht in sein Schloss hinein lassen. Allerdings war sie eine Zauberin und verzauberte den Prinzen in ein Biest. Auch hier kann nur die Liebe vom Fluch befreien.

Merkmale eines Fluches

- ✶ Immer wiederkehrende Probleme am Arbeitsplatz (Mobbing)
- ✶ Regelmäßige Ablehnung durch andere
- ✶ Haustiere, die verrückt spielen
- ✶ Ständig beanspruchte Finanzen (Rechnungen, Reparaturen, Strafzettel)
- ✶ Schlaf und Traum verschlechtern sich (Albträume)
- ✶ Panikattacken, Ängste, Sorge
- ✶ Man hört Geräusche (Stimmen, Schritte)
- ✶ Gefühl, nicht dazu zu gehören
- ✶ Fehlende Freude, depressive Stimmung
- ✶ Verschlechterte Atmosphäre einer Wohnung (Krankheit, Unwohlsein, Streit)
- ✶ Häufige Schäden verschiedener Arten (Auto, Haus, …)
- ✶ Falsche und unüberlegte Entscheidungen
- ✶ Gesundheit lässt zu wünschen übrig
- ✶ Wertgegenstände werden regelmäßig verloren
- ✶ Gefühl, von etwas oder jemandem beobachtet zu werden
- ✶ Haarausfall, Trockenheit der Haut, Schlaflosigkeit
- ✶ Ständiger Stress, Reizbarkeit, Müdigkeit

Welche Flüche gibt es?

„Es soll dir so schlecht ergehen wie mir!"
„Du sollst niemals glücklich, sondern für immer unglücklich sein!"
„Du sollst dein Leben lang Geldprobleme haben!"
„Ich wünsche dir fiese Pickel ins Gesicht!"

Auf diese Frage kann man gar nicht so einfach antworten. Tatsächlich kann man nämlich alles und jeden verfluchen. Wer einen Menschen in ein Tier oder in einen Gegenstand verwandeln möchte, spricht hier keinen Fluch aus, sondern eher eine Verwünschung. Zwischen Fluch und Verwünschung besteht ein ganz gravierender Unterschied: Wenn man einen Fluch ausspricht, muss man viel mehr Energie aufwenden als für eine Verwünschung. Demzufolge sind auch die Auswirkungen eines Fluches viel stärker.

Normalerweise wird ein Fluch dann ausgesprochen, wenn sich der Fluchende, dem selbst großes Leid widerfahren ist, nur mithilfe eines Fluches dazu imstande fühlt, am ursprünglichen Täter Vergeltung auszuüben. Erst wenn ein hohes Maß an Leid und Wut vorhanden sind und sich der Fluchende ohnmächtig fühlt, wird der Fluch ausgesprochen.

Beispiel: Eine Person verlässt ihren Partner und findet jemand Neues. Der Verlassene verflucht demnach den neuen Partner der Person, welche er einst so innig geliebt hat. Hier ist der Fluch das Ventil. Tatsächlich kann es auch vorkommen, dass sich der Fluch auf alle Nachkommen des Verfluchten auswirkt. Von großer Bedeutung ist es, dass Flüche oder Verwünschungen erkannt und zurückgenommen werden können. Geschieht das nicht, entsteht großes Leid oder Unglück.

Kann man einen Fluch brechen oder rückgängig machen?

Man sollte sich immer im Vorfeld überlegen, ob man einen anderen Menschen tatsächlich verfluchen möchte, denn wenn die Worte eines Fluches erst einmal ausgesprochen sind, gibt es kein Zurück mehr. Ausgesprochen ist nun einmal ausgesprochen. Aber ist das wirklich so, dass ein Fluch nicht mehr aufgelöst oder rückgängig gemacht werden kann?

Wenn du an den Fluch der 13. Fee im Märchen Dornröschen zurückdenkst, wirst du ganz schnell feststellen, dass der Fluch dort nur gemildert werden konnte.

Wenn man glaubt, dass man von einem Fluch getroffen wurde, ist es sehr wichtig, erst einmal herauszufinden, ob es tatsächlich stimmt, ehe man etwas dagegen unternimmt. Es könnte sich immerhin auch um eine Verwünschung handeln. Wenn du dich genauer mit der schwarzen Magie befasst, wirst du feststellen, dass es zahlreiche Verwünschungen oder eben auch Flüche geben kann.

Wer herausgefunden hat, dass er von einem Fluch getroffen ist, muss sich dennoch damit abfinden, dass er nicht ohne weiteres aufgehoben werden kann. Nun hat man die Aufgabe, herauszufinden, um welchen Fluch es sich überhaupt handelt. Es wird einem sehr schnell bewusst, dass es auch hier viele Millionen verschiedene Flüche und Verwünschungen gibt. Das ist jedoch nur die Spitze des Eisberges, denn ein Fluch kommt selten allein.

Es ist so unterschiedlich wie Tag und Nacht, wie der Fluch ausgesprochen und vollzogen wurde. Daher gibt es auch keinen Fluch, der einem anderen gleicht. Auf energetischer Ebene betrachtet, besteht hier eine sehr große Differenz darin, ob man einen Bannzauber abbekam oder doch von einem Krankheitsfluch getroffen wurde.

Es geht längst nicht mehr um einen harmlosen Fluch, wenn die schwarze Magie zum Einsatz kam. Das zeigen auch die Erfahrungen vieler Hexen und Magier. Es handelt sich hierbei vielmehr um Kombinationen aus mehreren Bannen und Flüchen. Demzufolge kann ein Mensch tatsächlich von vielen Flüchen gleichzeitig getroffen sein.

Wie du siehst, ist es von enormer Bedeutung, dass man zu 100 % weiß, welcher Fluch auf einem liegt. Findet man dies nicht heraus, versucht man einen Fluch unendlich oft aufzulösen, ohne dass man überhaupt weiß, ob es der Richtige war.

Spricht man vom richtigen Fluch, meint man die richtige negative Energiekombination. Die Kombination lässt sich durchaus mit einem Zahlencode von einem Schloss vergleichen. Hierfür gibt es nur eine richtige Kombination, um das Schloss zu knacken. So ist es auch mit einem Fluch, man hat nur eine richtige Energiekombination, durch welche der Fluch aufgelöst werden kann.

Hexen und Magier, die schon jahrelange Erfahrungen haben, wissen ganz genau: Der einzige Weg, einen Fluch und eine Verwünschung zu lösen, ist die Telepathie. Diese kann außerdem nur mithilfe des sogenannten energetischen Irisscans funktionieren.

Tatsächlich spielt sich unser Denken in sehr viel höheren Dimensionen ab, als wir selbst wahrscheinlich vermuten. Das Gleiche ist auch bei Flüchen und Verwünschungen der Fall. Das ist auch der Grund dafür, weshalb man nur zu 100 % durch die Fähigkeiten der Iris erkennen kann, welcher Fluch auf einem liegt.

Die Fähigkeiten und Eigenschaften einer Iris gehen weit über die eines Orakels oder Hellsehers hinaus. Diese Gabe der Weisheit ist sehr einzigartig, Gott selbst hat sie uns geschenkt.

In unserem Leben geschehen nun einmal auch negative Ereignisse, kein Mensch ist davor bewahrt. Ein Fluch kann sich so herauskristallisieren. Allerdings geschieht das nicht zu 100 %, sondern ist nur eine Vermutung. So kann man also nicht herausfinden, mit welchem Fluch man tatsächlich getroffen wurde, und auch nicht, wer ihn aussprach.

Ausgeprägte Fertigkeiten wie das Hellsehen spielen hier eine entscheidende Rolle. Ein Fluch kann nur mit diesen Fähigkeiten aufgelöst oder gebrochen werden. Das Gleiche ist bei Verwünschungen der Fall. Diese Eigenschaften helfen uns sehr gut dabei, um herauszufinden, ob man in der Vergangenheit von einem Fluch oder der schwarzen Magie getroffen wurde.

Hexen und Magier mit jeder Menge Erfahrung wissen ganz genau, dass es nicht möglich ist, sich von der schwarzen Magie vollkommen selbstständig zu befreien. Man kann nicht spirituell arbeiten, wenn der eigene Lichtkörper manipuliert, beziehungsweise blockiert ist. Einen Fluch können nur diejenigen aufheben oder brechen, die ganz genau wissen, dass sie tatsächlich von einem befallen sind.

Wenn man an Harry Potter denkt, der bis zu seinem 17. Lebensjahr die sogenannte Spur auf sich trägt, stellt sich noch eine wichtige Frage: Was ist, wenn eine Spur auf einem liegt? Kann diese gebrochen oder aufgelöst werden? Das Ministerium weiß über alles Bescheid, was er bezüglich der Zauberei macht. Und dann gibt es da auch noch seine Narbe, durch welche er eine Verbindung zu Voldemort hat. Zwar kann er in seine Gedanken eindringen und sehen, was er vorhat, auf der anderen ist das aber wiederum gefährlich, denn es funktioniert auch umgekehrt. Daher ist es auch hier notwendig, dass die energetische Signatur vollständig gebrochen, bzw. gelöst wird.

Magische Symbole und Zeichen

Wie der Deckel zum Topf oder Gretel zu Hänsel gehören Zeichen und Symbole genauso zur Magie. Es gibt sehr viele von ihnen und jedes einzelne Symbol hat eine ganz besondere Bedeutung. Da es tatsächlich sehr viele gibt, habe ich zehn meiner liebsten Symbole herausgesucht, welche ich dir genauer vorstellen möchte. Vorher werfen wir jedoch einen genaueren Blick auf deren Bedeutung. Es stellt sich außerdem die Frage, woher diese überhaupt kommen.

Wusstest du, dass viele dieser magischen Zeichen und Symbole uns auch im Alltag häufig begegnen? Nein? Nun, du wirst überrascht sein, wenn du direkt weiterliest.

Ursprung und Bedeutung

Egal, ob ein Mensch tatsächlich an die Magie glaubt oder nicht, er wird im Alltag dennoch zahlreichen Symbolen der Magie begegnen. Sie werden von den meisten Menschen zwar nicht bewusst wahrgenommen, doch andere wiederum wissen sehr wohl von deren Ursprung und Bedeutung. Dann gibt es auch jene Menschen, welche die magischen Symbole als Talisman bei sich tragen oder als Amulette an einer Kette. Tatsächlich ist es keine Seltenheit, dass die magischen Symbole als Vorlage für Schmuck dienen. Manchmal findet man sie auch als dekorative Muster auf Kleidungsstücken oder als Motive auf den heimischen Wänden wieder.

Die Menschheit weiß seit vielen Jahrtausenden von den magischen Symbolen und deren Bedeutung. Als Neuheit kann man sie daher nicht bezeichnen. Sie alle haben die Eigenschaft, uns über verschiedene Gesetzmäßigkeiten aufzuklären. Wusstest du, dass sie uns auch Aufschluss über unseren eigenen Charakter geben können?

Das Pentagramm ist eines dieser Symbole. Es soll uns Schutz vor negativen Einflüssen bieten, die in der Welt überall lauern können. Die Lotusblüte zählt ebenfalls zu den Symbolen. Sie steht für Reinheit und Vollkommenheit.

Menschen, welche die Bedeutung der verschiedenen magischen Symbole kennen, können diese sehr bewusst einsetzen, um sich zu schützen und die eigenen Energien durchaus auch zu stärken. Allerdings ist es so, dass die magischen Symbole auch zur schwarzen Magie gehören. Größtenteils lässt sich jedoch sagen, dass sie etwas Positives bewirken. Ganz besonders meine ich hier natürlich die Schutzsymbole. Deswegen werden sie der weißen Magie zugeordnet.

Lange Rede, kurzer Sinn: Werfen wir doch an dieser Stelle einmal einen Blick darauf, welche magischen Symbole uns im Alltag begegnen und welche Bedeutung diese haben.

Die Drei   Fruchtbarkeit, Weiblichkeit, Einigkeit, Schutz

Das Dreieck   Licht und Schatten, Vater und Mutter, Ordnung und Chaos

Die Dreizehn   Unglück (in westlichen Kulturen), Veränderung

Der Kreis   Wiederkehr, Erneuerung und Schutz

Die Sieben   Ausgeglichenheit, Sieg, Tugenden

Das Viereck   die vier Elemente (Feuer, Wasser, Erde, Luft), Lebendigkeit und Lebenskraft

Na, was denkst du nun, nachdem du dir diese Übersicht angesehen hast? Wahrscheinlich ist auch dir bewusst geworden, dass du von dem einen oder anderen Symbol schon einmal etwas gehört hast. Die Zahl 13 als Unglückszahl kennt so ziemlicher jeder Mensch, aber auch die Bedeutung eines Kreises dürfte sehr vielen bekannt sein, denn er verdeutlicht einen Kreislauf und verrät uns, dass etwas wiederkehren wird.

Die Herkunft der magischen Symbole und Zeichen

Wenn man etwas mehr über den Ursprung der magischen Symbole herausfinden möchte, wird man sehr schnell feststellen, dass es hierzu sehr unterschiedliche und vielfältige Geschichten gibt. Das liegt daran, dass diese aus verschiedenen Kulturen und Religionen stammen. Ein sehr gutes Beispiel dafür ist der siebenarmige Kerzenleuchter aus dem Judentum. Wer in der Bibel die Geschichte von Mose gelesen hat, der weiß, dass dieser auf einen Berg stieg und dort einen sechsarmigen Leuchter aus einem Zentner Gold anfertigen sollte. Wie dieser aussehen und verziert werden soll, hatte man ihm sehr genau bis ins kleinste Detail erklärt.

Bei diesem Leuchter handelt es sich um einen Teil des Mischkan (Stiftzelt), welches ein sehr wichtiges, transportables Heiligtum darstellt. Er hatte die Aufgabe, dem Volk von Israel auf dem Weg zu leuchten, als sie aus Ägypten ausgezogen sind. Die Menora, also der siebenarmige Kerzenleuchter und der Mischkan wurden immer von den Israeliten bei sich getragen, bis sie tatsächlich in Jerusalem ankamen und dort ihren Platz fanden. So steht es in der Bibel geschrieben.

Demzufolge steht der Leuchter als Symbol für das Licht und dieses, so sagt es die Schöpfungsgeschichte, wurde von Gott geschaffen. Es soll uns Erleuchtung bringen und Leben spenden. Das Licht soll Israel zu einem Licht unter den Völkern werden lassen.

Der Leuchter selbst hat sechs Arme, welche die Form von Blüten haben. All diese Arme stehen für einen Tag der Schöpfung. Der siebte Arm ist der Schaft. Er steht symbolisch für den Ruhetag im jüdischen Schabbat.

Welche Symbole und Zeichen gibt es?

Solltest du hier eine Zahl erwarten, welche die genaue Anzahl der magischen Symbole und Zeichen festlegt, so muss ich dich leider enttäuschen. Diese kann ich dir nämlich nicht nennen. Tatsächlich gibt es zahlreiche magische Zeichen und Symbole. Dennoch möchte ich dir an dieser Stelle zehn meiner liebsten Symbole und Zeichen vorstellen.

Ankh-Symbol

Es ist eines der Symbole, welches aus der Zeit der alten Ägypter stammt. Als Zweitnamen trägt es den Namen „Lebensschleife", denn sein Sinn steht für den Ursprung des Lebens.

Das Ankh-Symbol soll uns Menschen Kraft geben und die Unsterblichkeit sichern, wodurch es zu den Schutzsymbolen zählt. Es besteht aus einem großen T, welchem man eine halbe geometrische Schleife (Lemniskate) aufgesetzt hat.

Schaut man sich alte ägyptische Zeichnungen an, so kann man sehen, wie ein Gott einem Pharao dieses Zeichen überreicht. Wie bereits erwähnt, steht es symbolisch für das Leben. Das Symbol lässt sich auch häufig in der Nähe der Nase wiederfinden. Das wiederum verdeutlicht die Verbindung, welche zwischen Leben und Atem besteht.

Sehr vielfältig kommt das Ankh-Symbol im Bereich der Esoterik in unserer modernen Welt vor. Da es sehr vielfältig ist, kann man jedoch dessen Bedeutung hier nicht genau bestimmen. In der populären Kultur lässt es sich jedoch mit seiner zugeschriebenen Bedeutung der Lebenskraft oder Unsterblichkeit wiederfinden.

Als Schmuckstück wird es auch sehr gerne getragen. Zudem taucht es in Filmen oder PC-Spielen sehr häufig auf. Es wird hier sehr oft als Schlüssel, welcher den Menschen zur Flucht verhelfen soll, eingesetzt.

Das OM-Symbol

Die Silbe gilt besonders im Buddhismus und Hinduismus als heilig. Der Laut wird seit vielen Jahrtausenden dafür verwendet, um die Seele mit dem Körper und dem Geist zu verbinden. Zusätzlich soll sie für Harmonie sorgen.

Gekreuzte Pfeile

Die Ureinwohner von Nordamerika sehen dieses Symbol als Schutz an. Damals benutzte man die Pfeile zum Kämpfen. Auf diesem Wege hatten die Menschen die Möglichkeit, ihre Familie, das Hab und Gut, Dörfer und vor allem das eigene Leben zu schützen.

Die zwei gekreuzten Pfeile können aber auch für Freundschaft stehen. Demzufolge symbolisiert jeder Pfeil eine Person. Die Stelle, an welcher sie tatsächlich aufeinandertreffen, steht symbolisch für Verbindung beider Personen, also deren Freundschaft.

Sonnenrad

Es stellt das Erbe fast aller entwickelten Kulturen dar. In der Geschichte des Menschen ist es zudem das wohl älteste magische Symbol. Das Sonnenrad wird als Sinnbild für die Entstehung der Menschheit, sowie deren Entwicklung verwendet.

Triskele

Die Triskele ist eine dreifachgewundene Spirale. Auch die Kelten kennen dieses Symbol. Sie gingen davon aus, dass es den Lebensweg der Menschen symbolisiert. Geburt, Leben und Tod gehören gleichermaßen dazu.

Man verwendete es aber auch als Schutzsymbol. Wenn böse Geister über ein Haus oder gar über einen Menschen gekommen sind, sollten sie sich in der Spirale verfangen. Somit wurden dann Schaden und Unglück verhindert.

Auge des Horus

Es stammt ebenfalls aus der Zeit der alten Ägypter. Eine alte Legende besagt, dass Horus, der Lichtergott, sein linkes Auge verlor. Sein Bruder Seth, welcher eifersüchtig war, soll daran die Schuld tragen. Weil er sein linkes Auge verlor, soll ihm ein drittes Auge gewachsen sein. Dieses nutzte er aber nicht für sich selbst, sondern opferte es für seinen Vater Osiris, dem Totengott. Mit dieser Geste schaffte er es, in Osiris ein neues Bewusstsein zu wecken. Horus konnte auf diesem Weg Licht in die Dunkelheit, bzw. in die Unterwelt bringen. Aus diesem Grund wurde das Auge auch zum Sinnbild von Heilung und Vollständigkeit. Es steht für Intuition und Sensibilität.

Nazar-Amulett

Ganz besonders im Nahen Osten ist dieses Symbol als Schutzsymbol bekannt. Der böse Blick soll durch das Nazar-Amulett abgewendet werden. Der böse Blick wird ganz besonders durch Neid ausgelöst. In der Form eines blauen Auges findet man es in den orientalischen Ländern sehr häufig als Anhänger wieder. Wer das Symbol trägt, soll auch vor Krankheiten geschützt werden. Außerdem bietet es auch Schutz vor bösen Mächten.

Lotusblume

Im Buddhismus ist die Lotusblüte ein sehr wichtiges Symbol. Man glaubt, dass Buddha einst auf einer Lotusblüte zur Welt gekommen ist. Daher gilt sie auch als Symbol für das Leben, die Reinheit und die Unschuld. Außerdem steht sie auch für Erleuchtung, Liebe und Vollkommenheit.

Pentagramm

Das Pentagramm zählt wohl zu den bekanntesten spirituellen Symbolen. Für den Planeten Venus und die Göttin der Liebe stand das Symbol in der Antike. Der obere Punkt stellt den menschlichen Geist dar, während die restlichen vier Punkte für die vier Elemente Wasser, Erde, Feuer und Luft stehen.

Es zählt ebenfalls zu den Schutzzeichen. Das Pentagramm soll gegen böse Geister, den Teufel und Dämonen schützen. Wer das Pentagramm trägt, soll ganz besonders vor Krankheit und Leid bewahrt werden. Man nennt das Symbol auch Fünfstern. Wenn du dir dieses genauer ansieht, verstehst du auch, warum. Es sieht tatsächlich aus wie ein Stern mit fünf Zacken. Wenn dieser Stern zusätzlich mit einem Kreis umschlossen wird, nennt man ihn Pentakel.

Yin und Yang

Setzt man sich mit der chinesischen Philosophie auseinander, weiß man, dass unser Leben voll von gegensätzlichen Kräften ist, welche sich aber ebenso ergänzen. Mann bezeichnet sie auch als Yin und Yang. Du wirst sicher auch das Symbol der beiden Wassertropfen kennen. Einer von ihnen ist weiß und trägt einen schwarzen Punkt in sich. Der andere ist schwarz und hat einen weißen Punkt. Zusammengesetzt ergeben sie einen Kreis.

Beide Wassertropfen werden auch als Pole bezeichnet. Beide können tatsächlich nur miteinander existieren, denn sie beeinflussen sich gegenseitig. Erst zusammengesetzt ergeben sie das perfekte Ganze, einen Kreis. Wenn du dich an die Bedeutung der Zeichen und Symbole erinnerst, weißt du, dass ein Kreis ein magisches Symbol ist, welches für die Wiederkehr und Erneuerung steht.

Die Bedeutung des Wortes Rune

Viele verwenden das Wort Rune wie das Wort Apfel, also als etwas ganz Normales. Dass man das Wort Rune aber erst im 18. Jahrhundert aus der dänischen Literatur übernahm, wissen die wenigsten.

Die Bedeutung von Rune greift auf altnordisch rún (Zauberzeichen, Schriftzeichen) und althochdeutsch rûna (Geheimnis, Geflüster) zurück. Das Substantiv Raun (geheime Abstimmung) benutzte man bis ins 19. Jahrhundert. All die eben genannten Formen beruhen auf dem urgermanischen Wort rûnô, dessen Grundbedeutung Geheimnis ist.

Vier Thesen zur Runenentstehung

Italisch-etruskische These

Als Vorbild diente anscheinend ein nordetruskisches Alphabet. Dieses wird durch einen Kreis von zahlreichen Alphabeten Norditaliens aus der Zeit des vierten bis ersten Jahrhunderts vor Christus dargestellt. Wie auch die lateinische Schrift ist dieses ein Abkömmling des griechischen Alphabets.

Unterstützend für diese These sei der Helm von Negau. Dieser weist eine Inschrift aus der frühgermanischen Zeit auf, welche durch die norditalienische Variante der griechischen Schrift den Ursprung von einigen Runenzeichen belegen soll.

Es bleibt jedoch die Datierung der Inschrift umstritten, denn der Helm stammt anscheinend aus dem 5. Jahrhundert vor Christus. Die Inschrift selbst wurde allerdings erst später angebracht. Einige Forscher meinen daher, dass diese Innenschrift nichts mit den Runen zu tun hat.

Die Formen der Buchstaben, die Linienführung und wie die Wörter getrennt werden, erfolgt durch Punkte, dies sind die stärksten Argumente, die für diese These sprechen. Es tatsächlich so, dass sich in keinen anderen Schriften so viele Übereinstimmungen finden lassen.

Schwer zu untermauern ist die These aber aus kulturgeschichtlicher Sicht. Laut dieser wird davon ausgegangen, dass sich die Runenschrift in Norditalien oder dem norischen Raum im 1. Jahrhundert v. Chr. oder im 1. Jahrhundert n. Chr. herausgebildet hat. Sie wäre dann bis gegen 200 nach Chr. bis in den Norden von Germanien verbreitet worden. In dieser Zeit tritt sie geschichtlich gesehen mehr ins Licht. Jürgen Zeidler, ein Altertumswissenschaftler, versuchte das fehlende Zwischenglied nachzuweisen. Dafür betrachtete er die keltische La-Tène-Kultur.

Homorgane Nasallaute vor Verschlusslauten werden oft nicht geschrieben, was ein weiteres Argument für diese These ist. Das rätselhafte Formelwort alu lässt sich zudem mit dem etruskischen alu identifizieren.

Lateinische These

Wusstest du, dass die lateinische Schrift die Schwester des italienischen Alphabets ist? Daher weist sie einige Übereinstimmungen bezüglich der Buchstabenformen auf. Viele Regionalschriften konnten sich nicht durchsetzen, die lateinische Schrift dafür schon. Sie verbreitete sich sogar als Verwaltungsschrift bis in die tiefsten Winkel des römischen Imperiums.

Germanische Stämme hätten demnach im abgelegenen südskandinavischen Raum die lateinische Capitalis monumentalis der Kaiserzeit kennenlernen können. Aus eben dieser hätten sie auch eine eigene Schrift entwickeln können.

Einzelne Übereinstimmungen hinsichtlich der Zeichenformen sprechen für die lateinische These. Sie lassen sich andererseits auch auf den gemeinsamen phönizischen Ursprung zurückführen. Heutzutage gehen viele Runologen von eben dieser These aus. Bedeutende Unterschiede lassen sich jedoch eher auf ein griechisches Alphabet, viel eher noch auf ein älteres italienisches als deren Ursprung zurückführen.

Griechische These

Durch Versuche, die in der Wissenschaftsgeschichte als relevant gelten, versuchte man den Goten, die damals im Schwarzmeergebiet lebten, die Entstehung der Runen zuzuschreiben. Als Vorbild für die Runen sieht man laut dieser These eine ostgriechische Minuskelschrift aus dem zweiten/ dritten Jahrhundert n. Chr. aber auch ein archaisches griechisches Alphabet aus dem sechsten Jh. v. Chr. Man hat diese Annahmen jedoch längst aufgegeben. Grund dafür ist, dass die ältesten Denkmäler mit Runeninschrift schon viel eher entstanden sein müssen, also noch bevor die Goten Kontakt zum römischen Weltreich hatten. Die älteste Runenreihe reflektiert ganz klar und deutlich nordgermanische Lautverhältnisse.

Es schließt jedoch nicht aus, dass die Germanen dennoch Kontakt mit dem griechischen Alphabet hatten.

Punische These

Die bisher genannten Thesen nennt man auch Lehrbuchthesen. Diese haben jedoch Schwierigkeiten, Erklärungen für das Akrophonie-Prinzip zu finden. Damit ist die Methode gemeint, Buchstaben einer Schrift nach einem Wort zu benennen, welches dann auch mit dem jeweilgen Buchstaben anfängt. Als die griechische Schrift aus der phönizischen übernommen wurde, war die Akrophonie bereits abgeschafft. Lediglich Alpha, Beta, Gamma, ... wurden von Aleph, Beth, Gimel, ... übernommen. Sie verschwanden jedoch, als die lateinische und etruskische Schrift aufkamen.

Der erste Buchstabe des phönizischen Alphabets ist „aleph", was so viel wie Rind bedeutet. Bei den Runen heißt der erste Buchstabe ᚠ „fehu" und bedeutet Vieh. Das ist eine sehr auffällige Übereinstimmung. Auch dass man die Vokal-Quantität und die Konsonanten-Geminaten nicht schreibt, sowie das Auslassen von Nasalen (m und n) vor den Konsonanten, Beispiel: Kamba = Kaba, sind ebenfalls übereinstimmend. Es sind alles Merkmale von Runen, aber auch der punischen Schrift, jedoch nicht der lateinischen oder griechischen Schrift.

Als die Griechen die phönizische Schrift übernahmen und anpassten, entwickelten sie zudem die graphemische Konsonanten-Gemination neu. Später übernahmen die Römer genau dieses Konzept in die lateinische Schrift. Die Konsonantenlänge der Ur-Germanen hatte ebenfalls eine bedeutsame Länge. Es bleibt ein Rätsel, weshalb ein Verfahren, welches sich bewährt hat, bei der Weitergabe an die Runen (diese kann man nur annehmen) entfernt wurde, wenn man der lateinischen oder griechischen These folgt.

2006 schlug Theo Vennemann aus diesem Grund vor, dass die Runen aus dem phönizischen Alphabet unmittelbar aus dem punischen Alphabet abgeleitet wurden.

ie Runenreihen

Die älteste Reihe ist Futhark. Sie hat ihren Namen von den ersten sechs Runen der damaligen Reihe... Heute gibt es die Reihe in verschiedenen Formen. Das alte Futhark, auch Elder Futhark genannt, besteht aus 24 Runen und ist die gebräuchlichste. Auch das skandinavische Futhark, welches man auch Younger Futhark nennt und das 16 Runen hat, ist eine der gebräuchlichsten Reihen. Zur damaligen Zeit schrieb man jedem einzelnen Zeichen eine magische Bedeutung zu. In unserer heutigen Zeit hast du die Runen bestimmt schon einmal als Glücksbringer an Ketten gesehen.

Elder Futhark

Die Runenreihe besteht, wie bereits erwähnt, aus 24 Runen, und ist die Älteste. Im lateinischen Alphabet wird jeder dieser Runen ein einzelner Laut zugeordnet. Alle germanischen Stämme benutzten diese Runenreihe bis zum Jahr 750 in der gleichen Form.

Man fand in Meldorf eine Fibel mit Runen, welche erahnen lässt, dass eben diese Runen seit der Mitte des ersten Jahrhunderts nach Christus genutzt wurden. Aufgrund der Tatsache, dass alle germanischen Stämme die Runenreihe verwendeten, bekam sie die Bezeichnung gemeingermanisches Futhark.

Younger Futhark

Es ist eine Reihe von 16 Runen, und doch sagt man, dass diese Reihe die Weiterentwicklung des Elder Futharks ist. Durch das Verkürzen der Reihe gingen Buchstaben verloren, weshalb verschiedene Runen mehrere Laute hatten. Diese Reihe wurde größtenteils in der Wikingerzeit bis zum zehnten Jahrhundert verwendet. Damals wurden die meisten Inschriften mit eben dieser Runenreihe geschrieben.

Wusstest du, dass man ca. 6000 Younger Futhark Inschriften entdeckte? Interessant ist auch, dass man aufgrund der fehlenden Runen davon ausging, dass diese Reihe dem Elder Futhark vorausging. Es konnte sich niemand erklären, weshalb man aus einer Reihe von 24 Runen plötzlich welche entfernt haben soll.

Die Runen des alten Futhark

Nach dem anstrengenden Teil über die verschiedenen Thesen widmen wir uns jetzt aber endlich den Runen selbst und deren Bedeutung. Wie du schon einmal lesen konntest, schreibt man jeder Rune magische Eigenschaften zu. Jeder Mensch kommt manchmal in besondere Lebenssituationen. Es heißt, wer die Runen trägt, soll durch diese Schutz und Hilfe erfahren. Aber wie man so schön sagt, ist da, wo sich Licht befindet, auch Schatten. Kurzum: Wo es etwas Gutes gibt, gibt es auch etwas Schlechtes. Manche Runen können auf den ersten Blick auch negative Auswirkungen haben. Aber wie auch in jedem Menschen steckt auch in jeder Rune etwas Positives. Schauen wir uns dazu nun die einzelnen Runen genauer an.

Einige Runen und deren Bedeutung

Die Fehu Rune

- Vieh
- Hoffnung, glückliche Umstände
- Geld, Reichtum, Überfluss, materieller Wohlstand
- Gier, Zwang, Feigheit, Zwietracht, Gleichgültigkeit
- Verlust von Eigentum und Ansehen
- Sozialer Erfolg

Die Uruz Rune

* Hartnäckigkeit, Mut, Tatkraft,
* Kraft, Gesundheit, Selbstbestimmung,
* Krankheit, Ignoranz, Unbesonnenheit,
* Weisheit, Verwurzelung
* Sexuelle Potenz, Gewalt

Die Thurisaz Rune

* Riese, Kraft, Konfliktbereitschaft
* Instinktives Vorgehen, Vitalität, Hammer
* Dorn, Torweg, Überwindung von Hindernissen
* Zielgerichtete zerstörende Macht, Gefahr, Dummheit, Bosheit

Die Ansuz Rune

* Ase, Gottheit
* Vertrauen in das große Ganze
* Vertrauen in höhere Mächte
* Kommunikation, Inspiration
* Macht des Geistes über die Materie
* Zauberkraft, Magie
* Weisheit, Missverständnisse
* Täuschung, Eitelkeit

Die Raidho Rune

* Reise, neuer Lebensweg, neue Perspektive
* Versöhnung, Kommunikation
* Bewegung, Rad, Tanz
* Zyklus, Ende und Neuanfang
* Ungerechtigkeit, Irrationalität, Krise

Die Kenaz Rune

* Fackel, Feuer, Leidenschaft
* Regeneration, Lebensenergie
* Kreativität, Offenbarung
* Visionen, Inspiration
* Fähigkeit, etwas zu erreichen
* Krankheit, Desillusionierung, falsche Hoffnung

Die Gebo Rune

* Geschenk, Gabe, Großzügigkeit
* Harmonie, Partnerschaft, Treue
* Austausch, Vereinigung von Mann und Frau
* Gier, Einsamkeit und Abhängigkeit

Die Wunjo Rune

- Freude, Frohsinn
- Vergnügen, Lachen
- Geborgenheit, Frieden
- Partnerschaft, Harmonie
- Wohlstand, Erfolg, Ruhm
- Erkenntnis und Ekstase
- Sorgen, Entfremdung und Besessenheit

Die Hagalaz Rune

- Hagel
- Gleichgewicht der Kräfte
- Vervollkommnung innerer Harmonie
- Offenbarung, plötzlicher Verlust
- Zerstörung, Energieverlust
- Zerstörerische und unberechenbare Kräfte
- Kontrolliertes Chaos

Die Nauthiz Rune

- Not
- Große Kraft, die durch Widerstand erwächst
- Erfindungsgabe, Leidensfähigkeit
- Fester Wille, Überwindung von Neid
- Der Furcht ins Auge blicken
- Zwang, Verlust, Armut

Die Isa Rune

* Eis
* Herausforderung, Entwicklung von Willenskraft
* Stille, Innehalten, Konzentration
* Abwarten, Klarheit finden
* Psychische und körperliche Blockaden
* Blindheit, Verschwendung, Komplott

Die Jera Rune

* Jahr, Zyklus des Lebens
* Rhythmus, Harmonie
* Fruchtbarkeit der Erde, Belohnung
* Reife, Kreislauf, plötzlicher Rückfall
* Große Veränderung, Konflikte

Die Ihwa Rune

* Eibe
* Verbindung zwischen Himmel und Erde
* Stärke, Zuverlässigkeit, Vertrauenswürdigkeit
* Aufklärung, große Widerstandskraft
* Zielstrebigkeit, Verwirrung
* Zerstörung, Schwäche
* Grenzerfahrung von Leben und Tod

Die Pertho Rune

* Würfelbecher
* Unsicherheit, Geheimnis
* Karma, Macht des Schicksals und der eigenen Bestimmung
* Okkultes Wissen, Initiation
* Weibliches Wissen, Sucht, Einsamkeit

Die Algiz Rune

- ✶ Schutz, Hörner des Elchs
- ✶ Schützt vor Feinden und Bösem
- ✶ Glück und Lebenskraft, Instinkten folgen
- ✶ Glückliches Gelingen, Erhabenheit
- ✶ Verbindung zu den Göttern
- ✶ Zurückweisung, Tabus, latente Gefahr

Die Sowilo Rune

- ✶ Sonne
- ✶ Sieg, Gesundheit
- ✶ Elementare Kraft, Hoffnung, Ehre, Erfolg
- ✶ Wissenszuwachs, Bewegung, Wille
- ✶ Tatkraft, Ziellosigkeit
- ✶ Falscher Rat, falsche Ziele

Die Tiwaz Rune

- ✶ Gott Tyr
- ✶ Speerspitze, Treue
- ✶ Gerechtigkeit und Sieg
- ✶ Göttlicher Richter, positive Selbstaufopferung
- ✶ Gerechter Kampf, Autorität, Erfolg
- ✶ Energieblockade
- ✶ Kommunikationsstörung und Ausgrenzung

Die Berkano Rune

- ✶ Birke
- ✶ Mutterschaft, Frieden, Geborgenheit
- ✶ Zu Hause, Sorglosigkeit, Fruchtbarkeit
- ✶ Zyklus, Erholung, Frühlingserwachen
- ✶ Erneuerung und neue Herausforderungen
- ✶ Familienprobleme, Sorge um nahestehende Menschen

Die Eihwaz Rune

* Pferd
* Vorwärtskommen, Bewegung
* Wendepunkt, Entwicklung
* Fortschritt, Zusammenarbeit
* Symbiose, Treue, Zwilling, Loyalität
* Harmonie, Vertrauen, Unruhe
* Enge, Unkonzentriertheit, Misstrauen

Die Mannaz Rune

* Mensch
* Menschlichkeit, soziale Ordnung
* Wahlfamilien, Intelligenz, Selbsterkenntnis
* Einweihung, Erkenntnis durch Wissen
* Toleranz, Menschenkenntnis, geistige Kraft
* Depression, Selbsttäuschung
* Hinterlist und Berechnung

Die Laguz Rune

* Wasser
* Lebenskraft, Ursprung
* Prüfung, Vitalität
* Fruchtbarkeitsspender, Heilung und Erneuerung
* Träume, Fantasie, das Unbekannte
* Das Verborgene, schlechte Urteilsfähigkeit
* Falsche Entscheidungen, Verwirrung

Die Ingwaz Rune

- ✶ Gott Ing
- ✶ Männliche Fruchtbarkeit
- ✶ Inneres Wachstum, Tugend
- ✶ Familienzusammenhalt, Fürsorge, Wärme
- ✶ Alte Ängste aufgeben, Einkehr
- ✶ Vergebliches Bemühen, mühselige Arbeit
- ✶ Machtlosigkeit

Die Dagaz Rune

- ✶ Tag
- ✶ Erwachen von Bewusstsein
- ✶ Tag und Nacht
- ✶ Hoffnung, Glück, Ideale, Sicherheit
- ✶ Wachstum und Loslassen
- ✶ Verwirklichung, Blindheit
- ✶ Hoffnungslosigkeit, Ende

Die Othala Rune

- ✶ Die Natur
- ✶ Besitz, Erbe, Wohlstand
- ✶ Verwurzelt sein, Familie
- ✶ Zugehörigkeitsgefühl, Gemeinschaft
- ✶ Vollendung, Überfluss, Erfahrung
- ✶ Verlust der Ordnung
- ✶ Heimatlosigkeit, Engstirnigkeit

Runen tragen

Man kann sich darüber streiten, ob es tatsächlich stimmt, dass die Runen magische Eigenschaften in sich tragen. Es muss jeder für sich selbst wissen, ob er an die Magie glaubt, oder ob es für ihn ein lausiges Hirngespinst ist.

Ob man Runenschmuck tragen möchte, ist ebenfalls die Entscheidung von jedem selbst. Wer an Magie glaubt, wird diesen Schmuck sicher sehr gerne tragen. Aber auch Menschen, die nicht an die magischen Eigenschaften der Runen glauben, können durchaus Runenschmuck tragen. Ein Anhänger mit einer Rune darauf sieht immer interessant aus und ist ein Hingucker.

Runen haben unterschiedliche Bedeutungen. Manche Menschen tragen sie auch genau aus diesem Grund. Jeder Mensch macht sich Gedanken und diese beeinflussen nun einmal unser Leben. Die Runen können hier ein wunderbarer Denkanstoß sein, um die eigenen Gedanken in die richtige Richtung zu lenken. Betrachtet man es also genauer, besitzen die Runen auf irgendeine Art und Weise tatsächlich magische Eigenschaften.

Die Runenmagie

Sie ist eine Unterart der Arkanen-Magie (gängigste Form der Magie auf Azeroth, eine kosmische Kraft der Ordnung), welche als sehr flüchtig gilt. Wer diese Form von Magie nutzen möchte, muss sehr viel Konzentration aufbringen. Ihr gegenüber steht die Felmagie. Diese stellt das blanke Chaos dar.

Kommen wir nun aber zur Runenmagie. Die Rune gilt als arkanes Symbol. Die Existenz der Runen ist immer in Zehnergruppen aufgeteilt, welche man auch Familien nennt. Verbale Aktivierung wird von keiner Rune benötigt. Wer eine Rune aufzeichnen möchte, benötigt physischen Kontakt mit dem Ziel selbst.

Die Kunst der Runen

Wer die Runenmagie wirklich verstehen und auch meistern möchte, muss erst mal verstehen, dass die Knoten der sogenannten Leylinien (Hierbei handelt es sich um unsichtbare Linien, welche die Orte der Kraft (z. B. Kirchen oder Megalithen) miteinander verbinden.) nicht als einzig wichtiger Teil dieser Kraft zu sehen ist. Die Leylinien formen Muster, und genau diese spielen auch eine wichtige Rolle. Die Muster, welche entstehen, erinnern beim Anblick an ein seltsam aussehendes Alphabet. Der Name dieser Muster ist ganz einfach: Runen. Alle Runen reflektieren ein Leylinienmuster irgendwo auf der Welt. Und wie soll es auch anders sein, es wird durch jedes dieser Muster ein bestimmter magischer Effekt hervorgerufen. Jede Form wird von Energie durchströmt, manchmal sehr stark und manchmal eher weniger. Wenn die Energie sehr stark vorhanden ist, so ist der Effekt zu breit verstreut, was wiederum bedeutet, dass die Wirkung eher schwach ist..

Für neue Verständnisse bezüglich der Runenmagie stehen genau diese Geheimnisse. Man nahm bis vor kurzem noch an, dass die Runen einfache Kraftsymbole von alten Zeiten waren. Es ist nur eine Frage der Zeit, bis mehr Runenfamilien entdeckt und sie auch aus anderen natürlichen Erscheinungen herausgefiltert werden können, seit man die Verbindung zwischen den Runenformen und den Mustern der natürlichen Mächte unserer Welt kennt.

Die Runen organisieren sich in den sogenannten Runenmustern. Diese bestehen eigentlich nicht aus einzelnen Runen. Jedes Runenmuster wird demnach als eine große, komplexe Rune betrachtet. In dieser werden alle einzelnen Muster miteinander verbunden. Wenn ein komplexer Zauber angewandt wird, werden durch die Rune demnach die weniger komplizierten Zauber vereint.

ktivieren der Rune

Wenn eine Rune aktiviert wird, bedeutet das, dass sie mit der arkanen Kraft geflutet wird. Man kann sagen, dass dieser Vorgang ein Abbild der Wirkung eines Zauberspruchs ist. Wusstest du, dass Runen schlafen, ehe sie durch ihren Schöpfer aktiviert werden? Aus diesem Grund muss man die Runenmagie als einen zweiteiligen Prozess betrachten. Erst wird die Rune erschaffen, und danach (es kann auch etwas Zeit dazwischen liegen) wird diese aktiviert. Jeder Mensch oder Charakter, welcher diese Fähigkeit besitzt, wird als Runenzauberer bezeichnet. Wichtig ist, dass es nicht der Charakter sein muss, welcher die Rune schuf, um sie zu aktivieren. Derjenige, welcher die Rune aktivieren möchte, muss sich der Existenz der Rune und deren Muster aber bewusst sein.

Im Übrigen ist das Wirken einer Rune verwandt mit dem Wirken eines Zauberspruchs, und dennoch sind die Aktionen sehr unterschiedlich. Bei einem normalen Arkanzauber wird durch Gestik, verbale Kommunikation und durch materielle Komponenten ein Zauber freigesetzt. Bei einem Runenzauber gleitet die Energie in das Runenmuster hinein. Dieses dient als Kanal zwischen der Rune selbst und der Energie.

Durch diesen Prozess wird der Unterschied zwischen Runenzauberei und dem arkanen Spruchwirken definiert. Somit wird durch den Gebrauch von Runen keinerlei Schaden hervorgerufen.

Nicht natürlich sind die Grundmuster eines arkanen Wirkens von Zauber. Es ist nämlich so, dass die Energie der Welt nicht in diesen Mustern fließt. Jener, welcher den beherrschenden Willen eines arkanen Zaubers beugt, kann es in diese Form zwängen.

Dass die essenziellen und tiefen Mächte der Welt einem Zauber unterworfen werden, ist ein sehr großer Akt der Anmaßung. Und genau deshalb wird durch die anderen Arten des arkanen Wirkens auch Korruption hervorgerufen.

Das Wirken von Runen nutzt lediglich die Muster, die in der Welt bereits existieren. Die Muster sind durch ihre Verkörperungen der Macht die einzige Quelle der Ewigkeit. Der Mensch, welcher den Runenzauber anwendet, muss die Energie also nicht dazu zwingen, dass sie ihm gehorcht. Diese fließt freiwillig in die Muster, welche von der Energie selbst geschaffen wurden.

Runenmuster und Runenlandschaften

Unsere Vorfahren haben die Runen in Runenmuster gruppiert. Es ist aber in Wirklichkeit so, dass jede einzelne Rune eine zweidimensionale Abbildung eines Netzwerkes von Leylinien ist, das durchaus kompliziert sein kann. Zudem hat eben dieses Netzwerk auf irgendwo in der Welt seinen eigenen Platz.

Dadurch, dass die Muster aus vielen Linien und Kurven bestehen, sind diese auch sehr komplex. Durch das Zeichnen der Runen werden die Pfade der Leylinien, die durch geographische Züge in magisch mächtige Landschaften folgen, wiedergegeben.

Es kann zum Beispiel möglich sein, dass man eine brennende Zerstörung hervorruft, wenn man eine Leylinie wie eine sengende Wüste formt. Eine Rune aus dem tiefsten Sumpfland bringt möglicherweise den Verfall hervor. Ein Runenzauberer kann den Nutzen der Runen genauer bestimmen, wenn er sich auch in dem Gebiet befindet.

Es ist auch so, dass man neue Runen auf die gleiche Weise lernen kann, wie man neue Sprüche lernt: Es muss ein anderer Runenzauberer bezahlt werden. Runenzauberer können die machtvollen Landschaften aufsuchen, damit sie über den Strömen der Kraft meditieren und dadurch mehr Verständnis darüber erlangen können.

Runenarten

Male, Glyphen und Siegel, das sind die drei Runenarten, die es gibt. Ein Mal zeichnet man auf eine Kreatur, eine Glyphe auf einen beliebigen Gegenstand und ein Siegel kann auf beides gezeichnet werden. So kann das umliegende Gebiet beeinflusst werden. Ein Mal und eine Glyphe können im Gegensatz zum Siegel nur auf dem Träger wirken, auf welchem sie aufgezeichnet wurden. Für alle drei Arten gibt es bestimmte Regeln, die wir uns jetzt genauer ansehen werden.

Das Mal

Es ist wichtig, dass die Kreatur, auf welche man das Mal zeichnen möchte, still hält. Auf ein Wesen, welches unwillig ist, kann und sollte man kein Mal zeichnen, da es so dazu kommen kann, dass die Rune falsch aufgezeichnet wird und so eine vollkommen andere Wirkung erzielt wird. Ist das Wesen allerdings hilflos, so kann man sehr wohl das Mal aufzeichnen, um ihm zu helfen. Sobald das Mal fertiggestellt ist, generiert es bereits seine Wirkung. Es gibt auch Runenzauberer, die dazu fähig sind, die Aktivierung zu verzögern oder das Mal dauerhaft wirken zu lassen.

Die Glyphen

Auch hier gilt: Ist das Wesen unwillig, kann man die Glyphen nicht darauf zeichnen. Auch eine Glyphe kann ihre Wirkung sofort nach Fertigstellung erzeugen. Hier gibt es ebenfalls Runenzauberer, welche die Aktivierung verzögern oder dauerhaft machen können.

Das Siegel

Ein Siegel ist eigentlich nichts anderes als eine Rune, welche man auf eine Oberfläche zeichnet. Diese dient als Auslöser der Rune. Die Größe dieser Oberfläche beträgt immer fünf mal fünf Fuß. Das erste Wesen, welches dieses Gebiet betritt, sorgt für die Aktivierung des Siegels. Das geschieht auch dann, wenn es von dem Siegel nichts weiß. Ein Siegel hält so lange an, bis es von jemandem entzaubert oder ausgelöscht wurde. Die Entscheidung, ob der Runenzauberer das Siegel direkt nach der Fertigstellung aktivieren möchte, liegt ganz bei ihm. Ist das Siegel aktiviert, erzeugt es eine Wirkung in einem 30 Fuß-Radius. Der Mittelpunkt liegt dabei auf der Rune. Die Wirkung bezieht sich auf alle Kreaturen, die sich im Wirkungsfeld befinden.

Die Herstellung

Die Macht, welche eine Rune ausüben soll, ist immer von deren Muster abhängig. Daher haben alle Runeneffekte eine Gemeinsamkeit: die Notwendigkeit der physischen Existenz, damit der magische Effekt erzielt werden kann. Es gibt drei Wege, auf welche man die Runen wirken kann.

* Spontane Rune
* Gezeichnete Rune
* Permanente Rune

Spontane Runen

Diese Runen kommen dann zum Einsatz, wenn der Runenzauberer wenig Zeit hat und die Rune nicht korrekt auf die Oberfläche aufgetragen werden kann. Das ist bei einem Kampf beispielsweise der Fall. Demnach werden kleine Teilchen aus Holz oder Stein vom Runenzauberer aufbewahrt, auf welche sie die Runen ihres Wissens aufgezeichnet haben. Diese Plättchen können wunderbar in der Freizeit geschaffen werden und kosten kaum Zeit, um sie zu schöpfen. Diese werden zusammen mit ihren Materialkomponenten aufbewahrt.

Möchte der Runenzauberer die Rune dann aktivieren, wird mit dem Stein oder dem Holz das Ziel berührt. So kann die Kraft durch die Rune hindurch fließen. Auf diese Art und Weise verschwindet die Rune dann vom Gegenstand und wird auf die Haut des Lebewesens mit glühenden Linien eingeätzt.

Diese Art, eine Rune zu schaffen, ist zwar die schnellste, aber auch die zerbrechlichste und einfachste. Der Prozess, die spontane Rune zu aktivieren, ist einteilig, da sie auf dem Ziel platziert und gleichzeitig aktiviert wird.

Gezeichnete Runen

Die Nutzung von gezeichneten Runen ist die bevorzugte Methode der Runenschöpfung. Es wird eine Zusammenstellung bestimmter Farben genutzt, damit die Runen dauerhaft geschaffen werden können. Die Rune existiert auf einem Subjekt. Daher ist es wichtig, dass keine Energie bei der Erschaffung der Rune verschwendet wird. Bei spontanen Runen ist dies jedoch der Fall. Gezeichnete Runen sind vorteilhaft, weil es viel schwieriger ist, diese zu zerstören und zu entzaubern.

Zudem ist deren Reichweite auch viel größer. Je nachdem, welche Fähigkeiten der Runenzauberer besitzt, halten die gezeichneten Runen einige Tage lang. Wenn die Wirkung vollkommen aufgebraucht ist, verschwindet die Rune ohne das Zutun des Runenzauberers. Auch hier gelten die gleichen Regeln wie bei den Malen und Glyphen.

Permanente Runen

Wenn diese Runen einmal geschaffen sind, ist deren Zerstörung beinahe unmöglich. Der Grund dafür ist, dass deren Magie mit dem Strom der Zeit in der Rune verbleibt. Es muss die lebende Haut mit diesen Malen tätowiert werden. Orcrunenmeister (Runenzauberer) verwenden lieber rituelle Brandmale. Hierfür sind verschiedene Gerüchte verantwortlich.

Runen werden größtenteils mit speziellen Meißeln oder einem rituellen Stil in die nicht lebenden Materialien eingeätzt. Dabei ist es wichtig, dass der Runenzauberer einen kleinen Teil seiner Seele in die Rune hineinlegt.

Ein ganz klarer Vorteil dieser Runenart ist, dass sie nur sehr schwer zu zerstören sind. Wenn die Wirkung verschwindet, verbleibt die Rune, anders als bei den anderen Arten, auf dem Gegenstand und kann dadurch erneut aktiviert werden. Trägt man die permanenten Runen auf lebende Objekte auf, so gilt auch hier die Regel wie bei den Malen und Glyphen. Wenn ein Runenzauberer dauerhafte Glyphen auftragen möchte, müssen dafür Objekte gewählt werden, die von ihm selbst genutzt werden.

Runenmysterien

Wenn ein Runenzauberer die Mysterien der Runen erlernt, ist es ihm möglich, bestimmte arkane Zauber als Runen wirken zu lassen. Das bringt jedoch folgende Veränderungen mit sich.

- Zauber muss als Rune aktiviert werden.
- Das geschieht durch das Erschaffen von spontanen, gezeichneten oder permanenten Runen.
- Zauberkomponenten werden verändert
- Keine sprachlichen oder körperlichen Komponenten, es sei denn, der Ursprungszauber hat diese
- Material / Fokus Kosten für alle Runen, wenn der Zauberer keine Zeit hatte → hatte der Originalzauber welche, werden sie von den Runen verändert
- Einzige Ausnahme: Materialkosten, die Goldmünzen enthalten
- Reichweite bleibt gleich, außer bei spontanen Runen

Runen als magische Werkzeuge

Wenn wir das Werkzeug einmal genauer betrachten, werden wir recht schnell feststellen, dass es eigentlich etwas ganz Neutrales ist. Die Entscheidung, ob wir einen Hammer dafür benutzen, einen Nagel in die Wand zu schlagen, oder ob der Hammer beispielsweise dazu dienen soll, einen anderen Menschen zu verletzen, liegt immer beim Menschen selbst. Wie wir uns entscheiden, hängt immer von unseren Absichten ab.

Mit den Runen ist das ganz genauso. Durch die Runen können zahlreiche Urkräfte ihre Wirkung frei entfalten. Diese lassen sich nur sehr schwer unter Kontrolle bringen, denn sie sind sehr wirkungsvoll, was auch gefährlich werden kann. Dadurch entstehen sehr leicht Kollateralschäden. Tatsache ist, dass dort, wo es viel

Licht gibt, auch viel Schatten zu finden ist. Wenn es einen Gewinner gibt, muss es auch einen Verlierer geben. Die Runen können uns daher sehr gut die Ausgewogenheit der Kräfte lehren.

Wer sich ein objektives Kraftobjekt zulegen möchte, der kann den einfachen Weg wählen und die entsprechende Rune dafür auswählen und hineinritzen oder meißeln. Runen eignen sich auch wunderbar als Glücksbringer und als Schutzamulett. Mit diesen kann man spezifische Wirkungen erzielen. Wählt man zwei oder auch mehrere Runen, kann man sogar eine sehr komplexe Wirkung erzielen. Schon die Wikinger wussten, weshalb sie ihre Schwerter und Schutzschilde mit Runen verzierten. Auch in anderen Kulturen lassen sich Runen als Symbolik für die verschiedensten Machenschaften wiedererkennen. Auch im Dritten Reich, als Adolf Hitler und die Nazis sehr viel Unheil brachten, war eine Rune ganz besonders im Einsatz. Die eigentliche Sonnen- und Siegesrune wurde als SS-Rune bekannt.

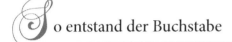o entstand der Buchstabe

Das Wort lässt sich von der ursprünglichen Nutzung des sogenannten Runenorakels ableiten. Man verwendete damals sogenannte Buchstäbchen, ähnlich wie bei einem Mikado-Spiel. Wie du sicher weißt, fallen die Stäbchen vollkommen durcheinander auf den Tisch oder Boden, manchmal auch übereinander. Sogenannte Runenkundige erkannten in den Kreuzungen verschiedene Runen. So konnte dann der Wurf der Buchstäbchen gedeutet werden. Einfacher wurde die Deutung, als man damit begann, die Runen in die Stäbchen hineinzuritzen. Wenn wir uns heute auf die Suche nach den Runen begeben, werden wir diese auf Scheiben aus verschiedenen Materialien wie Holz oder Leder finden.

Wenn man Runen werfen möchte, muss man sich erst einmal mit den unterschiedlichen Systemen bezüglich der Deutung befassen. Der gewählte Untergrund ist dabei ausschlaggebend. Du kannst auf die Fläche, auch welche du deine Runen werfen möchtest, drei Kreise aufzeichnen. Die Kreise stehen für Gegenwart, Vergangenheit und Zukunft. Je nachdem wie die Runen fallen, kannst du diese deuten. Es gibt auch Systeme, bei denen es eine Rolle spielt, ob die Scheibe mit der Rune so fällt, dass diese sichtbar ist oder eben so, dass man sie nicht sehen kann. Es kann sogar eine Rolle spielen, wie die Rune vor einem liegt.

Mächtige Zauberzeichen

Wer mit den Runen arbeiten möchte, muss sich sehr viel Zeit dafür nehmen. Einfach mal so nebenbei kann man diese nicht anwenden. Und wenn ich sage, mit den Runen arbeiten, dann meine ich tatsächlich: arbeiten. Es ist wichtig, dass man mit sehr viel Sorgfalt, Aufmerksamkeit und vor allem auch Disziplin an das Thema herangeht. Wenn auch du dich mit den Runen befassen möchtest, solltest du dir Folgendes als Regeln notieren und einprägen:

- Nimm dir Zeit!
- Sei aufmerksam!
- Behandle die Runen mit sehr viel Sorgfalt!
- Disziplin ist sehr wichtig!
- Möchtest du die Runen nur einmal kurz ausprobieren, dann lass die Finger von ihnen!

Eine Rune wirkt. Manchmal ergeben sich auch unabsichtliche Wirkungen, wodurch ein energetisches Chaos und ein Ergebnis, welches man gar nicht erzielen wollte, entstehen können. Genau aus diesem Grund ist es wichtig, dass man sich im Vorfeld ganz genau über die Runen und die Wirkung informiert, um eben kein unerwünschtes Chaos hervorzurufen.

Runen rufen.
Runen raunen.
Runen wispern.
Runen flüstern.

Was sind Hexenrituale?

Bevor ich dir hexenspezifische und andere Rituale vorstelle, möchte ich zunächst einmal erläutern, was ein Ritual überhaupt ist. Im Lateinischen sagt man „ritualis", was so viel bedeutet wie „den Ritus betreffend".

Was aber heißt das in der deutschen Sprache: Wenn man von einem Ritual spricht, ist die Rede von einer feierlichen Handlung. Diese läuft nach vorgegebenen Regeln ab. Deren Begleitung sind sehr häufig Wortformeln sowie Gesten. Sie können entweder weltlich oder religiös sein.

Beispiele für weltliche Rituale:

- ✯ Begegnungen
- ✯ Familienleben
- ✯ Feste und Feiern
- ✯ Herrschaftsvollzüge
- ✯ Veranstaltungen
- ✯ Zeremonien

Beispiele für religiöse Rituale:

- ✯ Aufnahmefeier
- ✯ Begräbnis
- ✯ Begrüßung
- ✯ Gottesdienst
- ✯ Hochzeit

Man kann Rituale auch im eigenen, sehr individuellen Handeln wiederfinden. Wir alle haben unsere eigenen Rituale, beispielsweise gestaltet jeder Mensch seinen Alltag anders.

Rituale und die Hexenmagie

Sie zählt zu den wohl stärksten Mächten – die Hexenmagie. Hierbei bildet vor allem das Gefühl die Basis. Eine gute Hexe empfindet sehr stark für das, was sie mit ihrem Ritual bezwecken möchte. Du hast dir dieses Buch sicherlich gekauft, um mehr über Hexen, Magie und Rituale zu erfahren. Wahrscheinlich möchtest du demnächst selbst eigene Rituale durchführen. Hierfür gebe ich dir folgenden Rat: Verlasse dich nur auf dich selbst und höre nicht auf andere. Es ist nämlich so, dass man ein besseres Ergebnis erzielt, wenn man die Rituale selbst ausführt.

Führt man ein Ritual selbst aus, so sorgt man selber dafür, dass dem Zauber genügend Stärke zuteil wird. Jeder hat selbst eigene spirituelle, emotionale und psychische Schwingungen, welche zur Verbesserung des Ritualergebnisses beitragen.

Dennoch sei hier Vorsicht geboten. Wenn du Magie einsetzen möchtest, solltest du das immer mit einer gewissen Sorgfalt tun. Dabei spielt es keine Rolle, welche Art von Magie du ausübst. Magie ist in jedem Fall eine ernste Angelegenheit, auch wenn viele Ungläubige diese verspotten. Ihnen kann man allerdings keinen Vorwurf machen, da sie es nicht besser wissen oder einfach nicht daran glauben. Gebrauche die Magie niemals für den Spaß, denn sie ist kein Gesellschaftsspiel.

Hast du dich schon einmal mit der Frage beschäftigt, weshalb viele Menschen die Hexenrituale nicht ernst nehmen, diese einfach nur belächeln und regelrecht verspotten? Die häufigste Antwort ist, dass sie eben nicht daran glauben, aber ich kann dir ein Geheimnis verraten: Unterbewusst verspüren sie wahrscheinlich Angst, da sie nicht wissen, wie ein solches Ritual überhaupt wirkt und auch Angst davor, dass durch die Magie etwas Negatives hervorgebracht und somit Schaden anrichten kann.

Vielleicht hast du schon einmal versucht, andere Menschen von der Magie zu überzeugen oder dass sie an die Wirkung der verschiedenen Rituale glauben sollen. Dabei hast du gewiss auf Granit gebissen. Das liegt daran, dass die meisten es einfach nicht hören wollen oder eben prinzipiell nicht daran glauben. Für viele Menschen ist die Magie einfach nur ein Mythos oder umgangssprachlich gesagt: Hokuspokus aus Märchen und Fantasy-Geschichten.

Zubehör für Rituale

Damit man Rituale überhaupt durchführen kann, braucht es natürlich auch geeignetes Zubehör. Damit du erst einmal einen Überblick bekommst, was du alles brauchen wirst, habe ich dir eine Liste zusammengestellt. Aber erschrecke bitte nicht, die Liste ist sehr lang, du wirst jedoch nicht immer alles auf einmal brauchen. An dieser Stelle auch noch ein kleiner Hinweis: Die Liste kann immer wieder ergänzt werden. Auch ich kenne bei Weitem nicht alle Rituale und die dafür notwendigen Materialien.

Noch ehe das Zubehör zum Einsatz kommt, solltest du dich um die Umgebung kümmern, in welcher du dein Ritual durchführen willst, denn es ist sehr wichtig, dass dieses ansprechend und gepflegt ist. Schau dir im Vorfeld immer die Beschreibung des jeweiligen Rituals an. Dementsprechend kannst du auch die Umgebung gut vorbereiten. Wer keinen Altar für seine Rituale benutzen möchte, kann alternativ auch einen anderen geeigneten Platz auswählen.

- Altarkelche
- Tücher (einfach oder mit Runen, Symbolen verziert)
- Pentakel
- Dolche (Athane)
- Hexenkessel
- Schachteln
- Zauberstab
- Amulette
- Schmuck (Ringe, Ketten, Tiara, Ohrringe, Armbänder)
- Verschiedene Öle, Düfte
- Edelsteine
- Kristalle
- Essenzen
- Kleidung (Umhang, Hut, Kleid)
- Bücher
- Duftlampen, Diffusor
- Beutel, Taschen, Säckchen
- Kerzen, Kerzenhalter
- Schatten und Licht
- Verschiedene Fläschchen
- Pendel
- Glocken
- Glaskugeln
- Puppen (Voodoo)
- Karten (Runen, Tarot)
- Runensteine
- Pulver, Kräuter
- Elixierfläschchen
- Stimmungsvolle Musik (am besten instrumental)
- Rasseln
- Räucherstäbe, Räucherkerzen
- Räuchergefäße und Sand
- Rezepte

Wenn man diese Liste sieht, fragt man sich sicher, wo man all diese Dinge überhaupt kaufen soll. Die Winkelgasse wie bei Harry Potter wird es ja wohl nicht geben – oder doch? Sicher hast du in der Stadt, wo du das ein oder andere Mal shoppen gehst, schon Geschäfte gesehen, die für die Gothic-Szene das Paradies sind. Und genau dort ist dein Anlaufpunkt, auch Hexen und Zauberer werden hier fündig.

Du kannst das Zubehör aber auch ganz bequem online bestellen. Hierfür verrate ich dir meine fünf liebsten Onlineshops. Die Adressen findest du auf Seite 168, in Punkt 1 bis 4.

Ich möchte dir nun die gängigsten Materialien, welche du für deine Rituale benötigen wirst, etwas genauer vorstellen. Ich habe die Auswahl nur auf die notwendigsten Dinge beschränkt, da dies sonst den Rahmen sprengen würde.

Kristallkugeln

Sie ist nicht nur schön anzusehen, sondern auch noch ein Hilfsmittel, mit welchem Hexen, Magier oder Zauberer hellsehen können. Die Geschichte der Kristallkugel und des Hellsehens reicht bis in die Antike zurück. Beim Hellsehen dient die Kugel als ein Übertragungsmedium. Es gibt verschiedene Methoden, um die Kristallkugeln zu verwenden:

- *Intensives Fixieren:* die Glaskugel dient als Mittel, um Hypnose oder Trance einzuleiten

- *Paranormales Sehen:* Ein Blick in die Kugel macht Verborgenes sichtbar

Amulette und -Typen

Es handelt sich hierbei um einen tragbaren Gegenstand, welcher magische Kräfte hat. Amulette sollen Glück bringen und jene Person, welche das Amulett trägt, vor Schaden schützen. Man kann ein Amulett am Körper oder in der Kleidung versteckt tragen, sie im Fahrzeug oder im Haus aufbewahren. Ebenfalls kann man ein Amulett auch den Tieren umhängen, um diese zu schützen. Sie sind zudem in allen Kulturen bekannt. In der Steinzeit wurden Muscheln, Perlen oder besondere Steine für die Amulette genutzt.[9]

- *Die Kelten:* durchbohrte Schädelfragmente oder durchbohrte Steine

- *Die Araber:* Ledertaschen mit eingenähtem Papier, auf welches ein magisches Zeichen oder eine Koransure geschrieben steht.

- *Die alten Ägypter:* Horusauge, Knoten, Skarabäus

- *Die Assyren:* Täfelchen, auf welche man Formeln zur Beschwörung schreibt

- *Die Chinesen:* Zauberformeln („fu") in Geheimschrift, Lochmünzen

- *Die Christen:* Reliquien, Kreuze, Pilgerzeichen, Symbole auf Kultgewändern

- *Die alten Griechen:* Bätylen, Abaskanton, Goldenes Vlies

- *Die Indianer Nordamerikas:* Medizinbeutel

- *Die Perser:* Glasköpfchen

- *Die Maghrebstaaten bis Naher Osten:* Hand der Fatima

- *In Mauretanien:* Fünfermotiv auf Haushaltsgegenständen aus verziertem Leder wie auf dem Kamelreitsattel Rahla und dem Kissen Surmije. Das „Schüsselamulett" ist ein geometrisches Motiv auf der Holzschüssel Gdah

- *Die Römer:* verschiedene Symbole der Fruchtbarkeit und der sexuellen Potenz

- *Tuareg:* um den Hals hängende Ledertaschen oder silberne Amulettbehälter, silberner dreieckiger oder kreuzförmiger Halsschmuck bei Frauen

- *Die Türken:* Nazar, blaues Auge gegen den bösen Blick

- *USA*, vorwiegend unter Afroamerikanern: Mojo

Altare und deren Aufbau

Hierbei handelt es sich um einen sogenannten Opfertisch, welcher als Verehrungsstätte zum Beispiel für Gottheiten dient. Ein Altar ist ein Platz für die magischen Werkzeuge. Oftmals werden hier die elementaren Kräfte zur Manifestation eingeladen. Du kannst Altare in unterschiedlichen Ausführungen kaufen oder sie selbst herstellen. Es ist wichtig, dass jeder, der mit Magie umgeht, seinen Altar nach den eigenen Vorstellungen aufbaut. Immerhin spielt er eine sehr zentrale Rolle im Leben einer Hexe oder eines Magiers. Für die magischen Handlungen steht dieser zudem im Zentrum. Er stellt einen persönlichen Ort der Ruhe dar, an welchem man sich konzentriert und meditiert. Wenn man eine magische Handlung vollführt, ist der Altar das innere Heiligtum. Es bleibt dir selbst überlassen, ob der Alltag auch außerhalb des Rituals ein inneres Heiligtum bleibt.

Altare gibt es außerdem in unterschiedlichen Formen. Es ist dir selbst überlassen, welche Art du verwendest, ob du ihn nach dem Ritual bestehen lässt oder wegräumst. Wenn du ein magisches Ritual in der Natur ausführen möchtest, kann dein Altar aus einer Decke, welche man auf einen Stein oder einen Baumstumpf legt, bestehen. Es gibt zudem auch mobile Altare. Diese bestehen aus einer Holzkiste, in welcher man außerdem die magischen Werkzeuge verstauen kann. Während des Rituals dreht man diese dann einfach um und legt eine Decke darüber. Anschließend kannst du deine Werkzeuge darauf anordnen.

Beim Aufbau ist es wichtig zu beachten, dass dein Alter möglichst im Osten und weit weg von elektrischen Geräten entfernt steht. Er sollte außerdem geschützt sein, damit ihn nicht jeder aufsuchen kann, um heimlich daran zu arbeiten. Nutzt man den Altar während eines Rituals, steht der meistens in der Kreismitte. Je nach Anwendungszweck werden dann verschiedene Werkzeuge auf dem Altar positioniert.

magische Spiegel und deren Verwendung

Ein magischer Spiegel ist ein Werkzeug, um Ereignisse der Vergangenheit, der Gegenwart und der Zukunft betrachten zu können. Außerdem kann man sie auch dafür verwenden, um vergangene Leben zu betrachten. Er ist ein sehr mächtiges metaphysisches Werkzeug. Wer ihn benutzt, dem kann verborgenes Wissen und Geheimnisse durch hellseherische Fähigkeiten offenbart werden. Er dient außerdem als Portal zu anderen Ebenen unseres Universums. Die magischen Spiegel bestehen meist aus schwarzem Obsidian. Hierbei handelt es sich um vulkanisches Glas, welches aus Kieselsäurelava, die sehr schnell abgekühlt ist, entstand. Wenn du dir einen solchen magischen Spiegel kaufen möchtest, solltest du unbedingt darauf achten, dass er niemals ganz schwarz ist, sondern Einschlüsse und kleine Unebenheiten hat. Es gibt zahlreiche Fälschungen, welche man daran erkennt, dass sie vollkommen schwarz und glatt sind.

Zubereitung und Verwendung von Zaubertränken

Ein Zaubertrank ist ein Gemisch aus verschiedenen Zutaten. Sie werden für verschiedene Zwecke verwendet. Demzufolge ist auch deren Herstellung immer unterschiedlich.

Hier ein Beispiel für einen Heilungszaubertrank:

Erkältung-weg-Zaubertrank

Zutaten

- ✯ 1 Liter Wasser
- ✯ 20 g frischen Ingwer
- ✯ Eine halbe Limette
- ✯ 2 EL Bienenhonig

Zubereitung

- ✯ Schneide den Ingwer in hauchdünne Scheiben.
- ✯ Gib ihn in eine Kanne und fülle das kochende Wasser ein.
- ✯ Lasse ihn für zehn Minuten ziehen.
- ✯ Schneide die Limette in dünne Scheiben und gib sie in die Kanne.
- ✯ Füge noch etwas Honig hinzu und genieße deinen Zaubertrank warm.

Düfte und Effekte von Räucherwerk und Kerzen

Für zahlreiche Rituale wirst du verschiedenes Räucherwerk, wie beispielsweise Kerzen, Räucherstäbchen oder auch Duftöle brauchen. Welche das sind, hängt immer von dem Ritual, welches du ausführst, ab. Es gibt sehr viele verschiedene Düfte, die unterschiedlich auf uns Menschen wirken.

Wenn du mehr über die verschiedenen Düfte und deren Wirkung erfahren möchtest, empfehle ich 5. (Seite 168).

Edelsteintypen und deren Effekte

Edelsteine bezeichnet man auch als Heilsteine. Sie haben unterschiedliche Eigenschaften und Wirkungsweisen. Alle Steine entspringen heißem Magma, also dem Inneren von Mutter Erde. Hexen und Magier machen sich deren Wirkungen in ihren Ritualen zunutze. Edelsteine helfen dabei, Krankheiten zu heilen, böse Geister zu vertreiben, vor Unglück zu bewahren, Schutz zu bieten oder für die notwendige Stärkung zu sorgen.

Edelsteine werden sehr häufig wegen ihrer Farbe oder einer ansprechenden Form ausgewählt.

Es gibt **Rohsteine**, die als etwas Besonderes gelten. Man bricht sie aus gewachsenem Stein heraus und sie bleiben im natürlichen Zustand. Aus diesem Grund haben sie auch die stärkste Heilkraft. Sie eignen sich gut zum Auflegen und zum Aufladen von anderen Heilsteinen.

Dann gibt es außerdem die **Trommelsteine**. Diese gibt man mit Sand und Wasser in eine Trommel, in welcher sie hin und her gewirbelt werden, wodurch alle Ecken und Kanten abgeschliffen werden. Dadurch bekommen sie eine wunderschöne glatte Oberfläche. Man kann sie gut in der Hand halten oder ebenfalls zum Auflegen benutzen. Wenn man sie in der Hand hält, wird durch die Innenfläche der Hand die Energie des Steins auf den Körper übertragen. Sie können aber auch auf schmerzende Stellen oder sogar unter Kissen gelegt werden.

Es gibt außerdem *Schmucksteine*. Diese Edelsteine werden durchbohrt und können mit einem Band getragen werden. Ist der Schmuckstein in Gold gefasst, verstärkt dies die Heilwirkung.

Hier eine Übersicht zu den verschiedenen Edelsteinen:

- Tigereisen
- Rauchquarz
- Malachit
- Moosachat
- Bernstein
- Citrin
- Heliotrop
- Rutilquarz
- Jade
- Saphir
- Dolomit
- Sodalith
- Sonnenstein
- Chrysoberyll
- Saphir
- Edeltopas
- Zirkon
- Karfunkel
- Saphir
- Spinell
- Feueropal
- Koralle
- Dalmatiner
- Kunzit
- Kyanit
- Iolith
- Markasit
- Prehnit
- Morganit
- Apatit
- Topas
- Blauer Topas
- Tigerauge
- Tansanit
- Zirkon
- Rubin
- Aragonit
- Moldavit
- Türkis
- Opal
- Granat
- Pyrop
- Almadin
- Andradit
- Uwarowit
- Rosenquarz
- Amethyst
- Onyx
- Aquamarin
- Jaspis
- Smaragd
- Chrysopras
- Mondstein
- Rubin
- Karneol
- Peridot
- Aventurin
- Lapislazuli
- Turmalin

Wenn du mehr über deren Heilkräfte und Wirkung wissen möchtest, schau mal bei 6. (Seite 168) vorbei.

Kristalle und deren Effekte

Kristalle haben ebenso wie Edelsteine verschiedene Heilkräfte und Wirkungen. Ein Kristall absorbiert und überträgt Energie. Oftmals wird angenommen, dass man sich teure Kristalle kaufen muss, weil diese sich anscheinend besser für magische Rituale eignen. Das ist allerdings ein Vorurteil, welches ich nicht bestätigen kann. Es spielt keine Rolle, ob der Kristall teuer oder günstig war. Auch die Größe des Kristalls hat keine entscheidende Funktion. Die gesammelten Energien im Kristall sind nämlich nur zu einer begrenzten Menge nutzbar. Viel wichtiger ist die Reinigung, sowie das Aufladen des Kristalls und natürlich auch deine eigene Intuition.

Das sind die 8 wichtigsten Kristalle:

- Quarz
- Feldspat
- Muskovit
- Biotit
- Kalzit
- Aktinolith
- Olivin
- Bronzit

Zu den eben genannten Kristallen gibt es viele verschiedene Unterarten. Auch hier habe ich wieder die wichtigsten für dich zusammengetragen. Den einen oder anderen Kristall hast du bereits bei den Edelsteinen kennengelernt. Das liegt daran, dass Edelsteine nichts anderes sind als geschliffene Kristalle, die sich als Schmuckstein eignen.

- Achat
- Amethyst
- Aquamarin
- Aventurin
- Azurit
- Bergkristall
- Bernstein
- Beryll
- Kalzit
- Chrysokoll
- Smaragd
- Sodalith
- Tigerauge Chrysopras
- Diamant
- Dolomit
- Fluorit
- Hämatit (Blutstein)
- Heliotrop
- Jade
- Karneol
- Lapis Lazuli
- Saphir
- Topas
- Türkis
- Turmalin (grün)
- Magnesit
- Malachit
- Mondstein
- Nephrit
- Obsidian
- Onyx
- Perle
- Pyrit
- Rosenquarz
- Rubin
- Turmalin (rosa)
- Zitrin

Wenn du mehr über die Wirkung der einzelnen Kristalle wissen möchtest, empfehle ich dir mal auf 7. (Seite 168) vorbei zuschauen. Diese aufzulisten, würde den Rahmen sonst sprengen:

Arten und Verwendung von Hexenbesen und Zauberstab

Wenn du dich an Harry Potter erinnerst, konnte er seinen Zauberstab bei Mr. Olivander kaufen. In Hogwarts hat er dann außerdem gelernt, auf einem Besen zu fliegen. Wenn du dir erhoffst, dass dies auch in unserer Welt funktioniert, muss ich dich leider enttäuschen.

Es stellt sich nun aber die Frage, wie eine Hexe zu ihrem Besen kam. Es ist ein Mythos, dass Hexen auf ihren Besen zu Hexenversammlungen fliegen. Zur Zeit der alten Römer haben die Hebammen mit einem Besen nach der Geburt eines Kindes immer die Hausschwelle gereinigt, um so die bösen Geister zu vertreiben. Demnach solltest auch du dir einen Hexenbesen zulegen, denn du wirst ihn bei verschiedenen Ritualen brauchen, um das Böse auszukehren.

Hexen benutzen ihren Besen für die Energiearbeit. Besonders durch das Besenbinden wird dies sehr deutlich, denn hier werden zwei Komponenten miteinander verbunden. Der Stiel des Besens gilt als Kraftstab, welcher das Symbol für Feuer und Willenskraft ist. Das Reisig, welches daran gebunden wird, ist das Symbol für die Rute, welche für die Luft, beziehungsweise das Schwert steht. Beides wird durch das Besenbinden miteinander verschmolzen.

Du solltest ebenfalls einen Besen für Rituale verwenden, denn es ist hin und wieder wichtig, dass man den Kreis, beziehungsweise den Platz für das Ritual rein hält, um alles Böse zu entfernen. Auf diese Art und Weise entsteht ein Schutzkreis. Wenn das Ritual beendet ist, fegt man den Platz abermals, denn so wird er wieder aufgehoben, geöffnet und man sorgt dafür, dass alle Spuren wieder verwischt werden. Ein Besen kann die magischen Energien verwandeln. Dabei ist es wichtig, welche Absicht hinter der Verwendung steckt. Dementsprechend kann er entweder abkehren, einkehren oder umkehren. Außerdem kann er auch Energien verkehren, also alles ins Chaos stürzen.

Kehr Ab! Kehr Ab! Aus meinem Haus!
Kehr Ab! Kehr Ab! Ich jag das ganze Böse raus!
Kehr Ab! Kehr Ab! Treppauf, Treppab! Und alles Böse kehrt sich ab!

Kehr ein, Kehr ein! Ich bin nun rein! Kehr ein, Kehr ein! Du Sonnenschein!
Denn da, wo meine Kräfte walten, da kann das Gute Einkehr halten!
Kehrt ein![10]

Werfen wir nun auch einen Blick auf den Zauberstab und dessen Verwendung. Er ist ein Hilfsmittel, um die Zauberrituale auszuführen. Ein klassischer Zauberstab hat die Länge von circa 30 Zentimetern und ist circa einen Zentimeter dick. Du kannst ihn in verschiedenen Ausführungen erwerben. Spätestens seit Harry Potter denkt man, dass der Zauberstab seine Zauberer aussucht. Wenn du in ein Geschäft für Hexen- und Magier Bedarf gehst, um einen Zauberstab zu kaufen, rate ich dir, lass dir genügend Zeit und schenke deinen Gefühlen, welche du beim Berühren der verschiedenen Zauberstäbe hast, deine volle Aufmerksamkeit. Vielleicht findet dich dein Zauberstab ebenfalls. Hexen und Magier möchten mit dem Zauberstab die magischen Energien in die gewünschte Richtung lenken. Du kannst beispielsweise auf ein Foto von einer Person oder auf einen Gegenstand zeigen, welche du verzaubern möchtest. Außerdem steht er auch als Symbol für den Willen des Magiers.

Tarotkarten verwenden

Wer Tarot-Karten verwendet, hat immer einen Satz von 78 Karten. Diese benutzt man, um wahrsagen zu können. Die Geschichte der Karten ist identisch bis zum Ende des 18. Jahrhunderts. Mit ihnen kann die Zukunft gedeutet werden. Ein Set ist in das große und das kleine Arkana unterteilt. Auf dem großen Arkana werden auf 22 Karten Einzelmotive gezeigt. Die restlichen 56 Karten bilden das kleine Arkana. Dieses umfasst 4 Serien mit je 14 Karten.

Wie die Karten gelegt werden, erfährst du in Kapitel „Tarotkarten" auf Seite 145.

Formen von Ritualen

Wie du bereits erfahren hast, gibt es sehr viel verschiedenes Zubehör für die Rituale. An dieser Stelle möchte ich auch darauf hinweisen, dass es auch zahlreiche verschiedene Formen von Ritualen gibt. Es folgt eine Liste von Ritualen:

- Kerzenrituale
- Dolchrituale
- Kelchrituale
- Lichtrituale
- Schattenrituale
- Schwenk- und Räucherrituale
- Schamanische Rituale
- Trauerrituale
- Festliche Rituale
- Übergangsrituale
- Spirituelle Rituale
- Therapeutische Rituale
- Alltagsrituale
- magische Rituale
- Hexenrituale

In der Folge möchte ich dir einige Rituale vorstellen, von dem ein oder anderen hast du sicher schon einmal etwas gehört.

Kerzenrituale

Bei diesem Ritual steht immer die Kerze im Mittelpunkt. Es kommt darauf an, welchen Zauber man mit seinem Ritual ausführen möchte. Dementsprechend wird auch die Farbe der Kerze gewählt. Beispielsweise werden rote Kerzen für Liebeszauber verwendet. Mit Kerzenritualen wird es dir möglich sein, deine Gedanken zu fördern oder Sorgen endlich zu bannen. Die Rituale nutzen die Kraft von Feuer und den verschiedenen Aromen.

Folgende Dinge sind für Kerzenrituale wichtig:

- Die richtige Kerze
- Ein Kerzenhalter
- Kleine Holzspieße, um beispielsweise etwas in die Kerze zu ritzen
- Duftöle, welche das Ritual unterstützen
- Feuerzeug oder Streichholz

Dolchrituale

Ein Dolchritual kann allein von dem Druiden (Lehrer, Heiler und Priester gleichzeitig. Hatten sehr hohen gesellschaftlichen Rang. Ihnen wurden Zauberkräfte zugesprochen.), gesprochen und ausgelöst werden, welcher den Dolch magisch gebunden hat. Ein Dolchritual dient nicht als Waffe. Er hat eine sehr starke, symbolische Funktion und soll die Kräfte bündeln. Es ist üblich, solche Rituale in der Wildnis auszuführen. Dafür braucht es allerdings einige Stunden Vorbereitungszeit.

Wenn alles vorbereitet ist, richtet sich die eigentliche Wirkung des Rituals auf den Dolch. Für den Druiden hat dies eine große persönliche Bedeutung, ist jedoch nicht mehr ganz so aufwändig. Daher ist auch eine Probe für die Verzauberung nicht nötig. Diese Rituale gelten als Sonderfertigkeiten und genau so werden sie auch erlernt. Wenn die Wirkung des Dolchs nicht immer aktiv ist, erfordert es eine Aktion, um diesen zu aktivieren. Ein Druide kann ein Dolchritual auch jederzeit willentlich beenden.

Ein Dolch, auch ***Athame***[11] genannt, ist nichts anderes als ein zeremonielles Messer. Es hat traditionell zwei Schneiden und meistens auch einen dunklen Griff. Ein Dolch symbolisiert den männlichen Aspekt und wird dem Element Feuer sowie dem Süden zugeordnet. In manchen Traditionen ordnet man ihn auch dem Element Luft und dem Osten zu. Der Dolch wird anders als vermutet nicht auf praktischer Ebene zum Schneiden oder als Waffe verwendet. Er trägt vielmehr eine symbolische Funktion. Seine Aufgabe ist es, die magischen Kräfte zu bündeln und zu lenken, Energien zu schneiden und zusammenzuführen. Zudem dient er auch dafür, höhere Wesenheiten an- oder herbeizurufen. Ein Dolch wird auch genutzt, um Bannkreise zu ziehen.

Ehe du nun losgehst, um dir einen Dolch zu kaufen, solltest du dir die folgenden Informationen jedoch zu Herzen nehmen:

Messer mit feststehender Klinge über 12 cm oder mit beidseitig geschliffener Klinge beliebiger Länge fallen in Deutschland unter das ***Waffengesetz***. Sie dürfen gemäß § 42a Abs. 1 Nr. 3 Waffengesetz nur dann geführt werden, wenn ein berechtigtes Interesse vorliegt. Das Führen auf öffentlichen Veranstaltungen (Weihnachtsmärkte, Schützenfeste etc.) ist gemäß §42 Abs. 1 WaffG verboten und stellt gemäß §52 Abs3 Nr.9 WaffG eine Straftat dar, welche mit Freiheitsstrafe bis zu drei Jahren oder Geldstrafe bestraft wird.

Kelchrituale

Wie der Name schon verrät, werden hier Kelche verwendet. Sie dienen entweder als Trinkgefäß oder als Opferkelch. Im Christentum verwendet man ihn, um symbolisch das Blut Jesu zu trinken. Er ist der weiblichen Göttin gewidmet und symbolisiert Leben sowie Fruchtbarkeit. Zudem bildet er die Verbindung zum Unterbewusstsein und hat die Fähigkeit, zwischen der großen Göttin und dem Ausführenden zu vermitteln. Ein Kelch wird ebenfalls wie ein Kessel dem Element Wasser, sowie dem Westen zugeordnet. Kelch und Kessel sind das Symbol für den weiblichen Aspekt.

Lichtrituale

Es dient zur Schwingungsanhebung, sowie der Reinigung von Räumen. Eines der bekanntesten ist das Arati. Es nimmt die Dunkelheit, und wird auch genutzt, um einen Gott anzubeten. Hinzu kommen Opfergaben, Räucherstäbchen und natürlich eine Lampe. Diese wird im Uhrzeigersinn vor einem Götterbildnis geschwenkt. Der Kampfer (weiße, harzige Masse, die zum Verbrennen genutzt wird) verbrennt ohne Rückstände, so wird auch das menschliche Ego durch die göttlichen Funken verbrannt beziehungsweise in reine Liebe transformiert.

Das Licht bei diesem Ritual ist gleichzeitig Opfer und Symbol. Es bringt Licht und sorgt für Erleuchtung. Dabei verbrennt es alle Negativitäten. Während des Rituals werden verschiedene Mantras gesprochen und immer wiederholt. Durch diese werden die Gottheit und die Energie der Meister angerufen. Durch die Aufnahme des Lichts wird das dritte Auge erweckt.

Schwenk- und Räucherrituale

Räuchern hat eine Tradition, die viele Jahrtausende alt ist. Der Duft von verbrannten Kräutern, Harzen oder Hölzern hat Einfluss auf unsere Gesundheit und unser Wohlbefinden. Die verschiedenen Materialien werden in ein Gefäß gegeben, welches sich zum Schwenken eignet und angezündet. Und das sind die Aufgaben eines solchen Rituals:

- ✭ Gegenstände, das Umfeld und Räume stärken und energetisieren
- ✭ Luftreinigung
- ✭ Krankheiten und schlechte Schwingungen vertreiben
- ✭ Unangenehme Gerüche loswerden

- ✯ Alte Energien verbannen
- ✯ Betörung der Sinne
- ✯ Außergewöhnlichen Raumduft schaffen
- ✯ Magische Rituale begleiten
- ✯ Begleitung bei Meditation oder Yoga

Bei diesem Ritual gibt es kein Richtig oder Falsch. Wichtig ist, dass es dem eigenen Wohlbefinden dient.

Zu folgenden Anlässen können Räucherrituale eingesetzt werden:

- ✯ Abschlüsse
- ✯ Neubeginn
- ✯ Abschied
- ✯ Krisen
- ✯ Zeiten der Übergänge
- ✯ Reinigung nach Krankheit
- ✯ Reifeprüfung
- ✯ Loslösungsprobleme
- ✯ Schutzräucherung

Der perfekte Zeitpunkt für Räucherrituale sind die Rauhnächte. Dennoch kannst du dieses Ritual jederzeit anwenden. Besonders in kalten Jahreszeiten hat das Ritual aber Tradition und Charme.

Das Räucherwerk ist sehr vielfältig. Du kannst mit allem räuchern, was zu deinem Lebensraum oder deiner Lebensphase passt. Demzufolge solltest du dein Räucherwerk auch nach Gefühl auswählen. Achte aber auf reine, unverfälschte Naturprodukte.

Schamanische Rituale

Sie zählen zu den Jahrtausenden alten Praktiken, durch welche man mit der spirituellen Welt in Verbindung tritt. Noch heute sind sie ein wichtiger Bestandteil von indigenen Kulturen. Diese Rituale bezeichnen verschiedene Praktiken für individuelle Anlässe. Viele davon können beispielsweise dabei helfen, das Gleichgewicht zwischen einem Individuum und der Gesellschaft herzustellen. Außerdem gibt es Rituale, welche Menschen heilen, oder böse Geister vertreiben.

Der Ausführende wird Schamane genannt. Während des Rituals versetzt er sich in Ekstase. Wenn er sich in diesem Zustand befindet, hat sein Geist die Möglichkeit, außerhalb seines Körpers zu reisen und so mit anderen Geistern zu kommunizieren. So kann er Wissen und Kraft erhalten, damit er beispielsweise Kranken helfen kann.

Die schamanische Reise wird vor allem von nordamerikanischen Ureinwohnern praktiziert. Durch Trommel und Gesang erreicht der Schamane einen veränderten Bewusstseinszustand. So ist es ihm möglich, Ängste und Blockaden zu lösen. Durch das Ritual kann die innere Kraft des Menschen gestärkt werden.

Dann gibt es noch die Sonnentanz-Zeremonie. Ursprünglich praktizierten dies die Indianer der großen Ebene. Heute wird sie von vielen verschiedenen Stämmen ausgeführt. Durch diesen Tanz bedankt sich die Gemeinschaft bei Mutter Erde. Er beginnt zur Sommersonnenwende und kann sogar vier bis acht Tage anhalten. Wer daran teilnimmt, fastet, singt und trommelt.

Abschließend möchte ich dir die schamanische Feuerzeremonie vorstellen. Sie zählt zu einem der häufigsten Rituale im Schamanismus. Man führt es bei Voll- und Neumond aus. Laut germanischem Glauben ist hier die Trennung zwischen Alltag und Geisterwelt am dünnsten. Im Schamanismus ist das Feuer das Element, welches die schnellste Heilungsgabe mit sich bringt.

Trauerrituale

Hierbei handelt es sich um Rituale, bei welchen unterschiedliche Handlungen und Bräuche durchgeführt werden, nachdem beispielsweise ein geliebter Mensch verstorben ist. Sie spenden Trost und wecken Erinnerungen. Manche werden öffentlich vollzogen, andere eher im Stillen. Sie zählen zur Alltagskultur und unterscheiden sich von Region zu Region. Ein Trauerritual soll den Hinterbliebenen dabei helfen, die schwere Zeit zu überstehen, einen Verlust zu verarbeiten oder eben Erinnerungen wach zu halten.

Festliche Rituale

Hier wird die Bedeutung von großen und kleinen Festen wie Weihnachten, St. Martin oder Neujahr begreifbarer. Zudem wird man so auch in den Jahreskreis eingebunden. Sie lehren uns Achtsamkeit und bereichern unser Leben. Besonders für das Zusammenleben mit anderen Menschen ist ein festliches Ritual sehr wichtig. Wichtig ist, dass sie nicht unter Zwang geschehen.

Übergangsrituale

Sie werden durchgeführt, wenn sich beispielsweise beruflich eine Veränderung ergibt. So kann man mit alten Dingen abschließen und sich und seinen Geist auf das Neue vorbereiten. Außerdem können böse Geister oder Negativität vertrieben und durch positive Energien ersetzt werden.

Spirituelle Rituale

Sie dienen dazu, den Tag, die Woche oder das Jahr zu strukturieren. Man kann beispielsweise morgendliche Rituale, Rituale vor dem Essen, dem Verlassen des Hauses oder auch vor dem Schlafengehen in seinen Alltag integrieren.

Spirituelle Rituale können beispielsweise an besonderen Wochentagen aufgeführt werden. Man kann auch Jahresfeste spirituell begehen, beispielsweise den Geburtstag oder Hochzeitstag. Es gibt Lebensereignisse, welchen man durch spirituelle Rituale einen noch tieferen Sinn geben kann. Beispiel: Hochzeit, Tod oder Geburt. Zu spirituellen Ritualen zählt auch die Yogastunde oder die Meditation.

Therapeutische Rituale

Rituale gehören zu unserem Alltag dazu. Sie geben uns Sicherheit und ein Zugehörigkeitsgefühl. Das kann besonders bei Therapien von großer Bedeutung sein, wo sie bereits ein wichtiger Bestandteil sind. Hier wirken sie über die Symbolik. Besonders bei Krisensituationen ermöglichen die spirituellen Rituale durch das Aufrufen der mit den Symbolen, also Bildern oder Zeichen, die mit bestimmten Ereignissen verbunden werden, verknüpften inneren Zustände, Antworten zu finden. Dadurch wird eine Stabilisierung und Neustrukturierung bewirkt.

Alltagsrituale

Diese Rituale können dabei helfen, unseren Alltag zu strukturieren und Stress zu vermeiden. Sie können sehr verschieden sein, denn jeder Mensch hat auch andere Interessen und Vorlieben.

Hier ein paar Beispiele:

- ✭ Spaziergang in der Mittagspause
- ✭ Meditation
- ✭ Glückstagebuch
- ✭ Dankbarkeitstagebuch
- ✭ Teezeit
- ✭ Lesen
- ✭ Schreiben

Funktionen von Ritualen

Ein Ritual kann man auch als geregelten Kommunikationsablauf bezeichnen. Anders betrachtet sind sie Phänomene der Interaktion mit unserer Umwelt. Das menschliche Miteinander spielt eine sehr wichtige Rolle bei Ritualen. Sie können in verschiedenen sozialen Beziehungen ausgeführt werden.

Wer ein Ritual durchführen möchte, braucht dafür strukturelle Mittel, mit welchen die Bedeutung der Handlung überhaupt erst deutlich gemacht und gestaltet werden kann, damit auch andere sie nachvollziehen können.

Außerdem fördern sie das Bewusstsein einer Gruppe und festigen deren Zusammenhalt, da ein gemeinsames Ziel verfolgt wird. Durch das Nutzen von bestehenden Abläufen vermitteln Rituale Halt und bieten Orientierung.

Komplexe lebensweltliche Situationen werden durch Rituale so vereinfacht, dass jedermann sie verstehen kann. Der Umgang mit der Welt wird uns Menschen durch die Rituale erleichtert. Sie helfen uns dabei, Entscheidungen zu treffen und mit anderen zu kommunizieren.

Man kann ein Ritual auch als Wiederholungsstruktur ansehen. Hierbei werden Abläufe bestimmter Zeremonien oder Tätigkeiten gefestigt. Dadurch haben wir die Möglichkeit, etwas auch sehr aufmerksam zu begreifen und verstehen zu können. Es lässt sich allerdings nicht ausschließen, dass ein Ritual falsch sein kann oder falsch gedeutet wird.

Ein Ritual bietet uns die Möglichkeit, dass wir uns mit der Grundfrage zu unserer Existenz auseinandersetzen. Freundschaftsrituale, Begräbnisse oder Staatsrituale sind hier beste Beispiele dafür.

Durch das Ritual hat man die Möglichkeit, das eigene Selbstbewusstsein auszudrücken. Aus religiöser Sicht ist ein Ritual auch etwas, womit etwas wieder herstellen möchte.

Ein Ritual schafft außerdem Verbundenheit, da man es häufig in Gemeinschaft ausführt. Sie haben allerdings auch einen negativen Aspekt, da andere ausgegrenzt werden und nur Eingeweihte teilnehmen dürfen.

Rituale funktionieren nicht nur symbolisch, sondern auch instrumentell-pragmatisch. Mit anderen Worten: Sie erfüllen einen Zweck. Durch Rituale bekommen wir Menschen einen zeitlichen und sozialen Rhythmus von Abläufen, können diese verinnerlichen und verstehen.

- *Zyklische Rituale* (z. B. das Weckritual)

- *Lebenszyklische Rituale* (z. B. Initiationsrituale bei Geburt)

- *Ereignisbezogene Rituale* (z. B. der Tod)

- *Interaktionsrituale* (z. B. das Grußritual, die japanische Teezeremonie)

Fassen wir die Funktionen noch einmal in einer kurzen Liste zusammen:

- Ausgrenzung anderer
- Ausdruck des eigenen Selbstbewusstseins
- Ausdruck eigener Stärken
- Auseinandersetzung mit verschiedenen Themen
- Bieten zeitlichen und sozialen Rhythmus
- Bieten Wiederholungsstruktur
- Erfüllen einen Zweck
- Erleichterung beim Umgang mit verschiedenen Dingen
- Fördern Zusammenhalt und das Gruppenbewusstsein
- Machen Bedeutungen deutlich und nachvollziehbar
- Orientierung und Halt
- Verbundenheit mit Gleichgesinnten
- Vereinfachte Veranschaulichung

Alles rund um den Schutzzauber

Bevor es endlich richtig spannend wird, möchte ich dir mit diesem Kapitel wichtige Informationen rund um den Schutzzauber mit auf den Weg geben. Diese solltest du dir auf jeden Fall vor dem Ausprobieren der Rituale zu Herzen nehmen. Hinweis: Sie gelten nicht nur für den Schutzzauber, sondern lassen sich auch auf alle anderen Zauber übertragen. Da der Schutzzauber aber einer der am häufigsten durchgeführten Zauber ist, bezieht sich das Kapitel auf eben diesen.

Was ist ein Schutzzauber?

Ein Schutzzauber ist eine der ältesten und eine sehr umfangreiche Form von Magie. Wenn man sich die Geschichte genauer anschaut, wird schnell klar, dass jede Kultur ihre eigenen Schutzzauber oder Amulette (sogar in verschiedenen Formen) verwendet.

Der Glaube, dass man Unglück und negative Energien mit Schutzzaubern vertreiben kann, hat sich in unsere Psyche regelrecht eingebrannt. Dazu zählen auch einige Tabus wie ein zerbrochener Spiegel, dessen Scherben Unglück bringen oder schwarze Katzen, die für Pech in unserem Leben sorgen.

Der Schutz wird durch verschiedene Arten dargestellt. Beispiel Pflanzen: Ihre schützenden Kräfte liegen im Verborgenen und sie zeigen sie uns durch defensive Eigenschaften: Eine Rose durch ihre Dornen, andere Pflanzen durch Kletten oder Gift, das sie in sich tragen.

Die verschiedenen Arten von Schutzzaubern

Präventiver Schutzzauber: Er mindert das Unglück und fördert das Glück. Wohlwollende Geister werden angezogen.

Schutzzauber zur Reinigung: Dieser lässt sich auch als eine Art der magischen Hygiene bezeichnen. Durch ihn werden schädliche Energien entfernt und die Anziehung und das Anhaften von negativen Energien verhindert.

Hilfreich für deine Schutzzauber

Wir leben in einer aggressiven Gesellschaft, das ist eine bewiesene Tatsache. Probleme können wir nicht monatelang oder gar viele Jahre ignorieren, ohne dass die Konsequenzen davon spürbar werden.

Es ist ein wahrer Schock, dass es durchaus lange dauern kann, die Gedanken neu zu ordnen, um auf die Provokationen reagieren zu können.

Wir stehen hin und wieder vor Herausforderungen, welche uns dazu motivieren, die eigenen Ziele zu erreichen. Dabei kann ein Schutzzauber wie ein Schutzschild wirken. Er schützt uns vor negativen Energien, sogar für einen Zeitraum von mindestens drei bis sechs Monaten. Außerdem wirkt er sofort. Dennoch kann niemand erwarten, dass ein Problem gänzlich gelöst oder ein Ziel tatsächlich erreicht werden kann. Überlege dir im Vorfeld immer ganz genau, was du erreichen möchtest, ehe du dein Ritual oder deinen Zauber auswählst.

Es ist wichtig, dass du dir Gedanken über einen kompletten Handlungsplan machst. Die Magie selbst ist der wesentliche Teil davon. Ein Zauberspruch kann nur wenige Minuten lang dauern, ein Gebet sogar nur wenige Sekunden, aber wenn du diese ohne einen spirituellen Plan anwenden willst, wäre dies so, als würdest du Butter auf den Herd legen.

Bereite dich genau auf alles vor, was vor, während und nach dem Zaubern zu tun ist. So schaffst du einen guten Weg für die Magie, um tatsächlich erfolgreich wirken zu können.

Was ist für einen vollständigen spirituellen Plan wichtig?

1. Mache dir logische Gedanken über deine Situation und Ziele.
2. Überlege, wie die weltlichen Handlungen und die magischen Handlungen andere Menschen oder deine Umgebung beeinflussen könnten.

Mir ist bewusst, dass dies sehr kompliziert erscheinen mag, aber nur so kannst auch du lernen, weise zu planen, und deine Chancen, Erfolg zu haben, werden größer.

Diese Energien sind zu demonstrieren bzw. zu verbieten

Mit Magie kannst du universelle Energien aktivieren oder abweisen. Negative Energien werden entfernt, positive angezogen. Wer Magie praktiziert, führt zwei Arten von Magie aus:

1. Das Manifestieren: man lässt etwas geschehen
2. Das Verbannen: man entfernt etwas

Der erste Schritt zum Schutzzauber

An erster Stelle sollte immer der Wunsch nach Recht und Kontrolle über das eigene Leben stehen. So wirst du kein Opfer, sondern ein Gewinner sein. Schutzzauber werden immer mit der menschlichen Stimmung und dem eigenen gesunden Verstand verbunden. Das macht deutlich, dass du niemals leichtfertig mit Magie umgehen solltest. Stell dir einmal vor, dass du angetrunken durch eine dunkle Gasse nach Hause läufst und dabei dein Schutzamulett umher schwingst. Ich denke, es liegt auf der Hand, dass du so niemals einen wirksamen Schutzzauber ausführen kannst. Demzufolge wärest du leichtsinnig, und würdest dir wahrscheinlich auch Ärger einhandeln.

Wie lange dauert es, einen Schutzzauber auszuführen?

Auf diese Frage kann ich dir keine klare Antwort geben, denn es ist von Zauber zu Zauber unterschiedlich. Auch die Rituale sind alle sehr individuell. Jeder Zauber hat eigene Aufgaben. Suche dir daher nur einen Zauber aus und führe ihn auch tatsächlich zu Ende.

Du kannst beispielsweise einen Fünf-Minuten-Zauber anwenden, um die Negativität in deiner Familie in den Griff zu kriegen. Wenn du aber einer Person dabei helfen möchtest, die gerade eine schwierige Trennungsphase durchläuft, brauchst du dafür mehr Zeit.

Es gibt einige Schutzzauber, die einfach nicht funktionieren. Lasse dich davon aber nicht entmutigen, sondern versuche es einfach mehrmals. Auf die Komplexität des magischen Handels kommt es nicht an, sondern auf das Feingefühl, welches du bei deinem Ritual an den Tag legst. Deine innere Willensstärke spielt ebenfalls eine wichtige Rolle.

Manche Schutzzauber verpflichten dich dazu, täglich aktiv zu sein. Wenn du dir sicher bist, dass du dem nicht gerecht werden kannst, solltest du diesen Zauber einfach auslassen. Wähle nur einen Zauber aus, dem du dich voll und ganz verpflichten kannst.

Dann gibt es wiederum Zauber, die länger als andere dauern. Übe dich in Geduld. Die Magie folgt nämlich eigentlich einer Linie des geringen Widerstands. Wenn du keinen bestimmten Grund hast, diese festzuhalten, lass sie einfach los.

Merke dir am besten Folgendes: Je mehr Hindernisse du den magischen Kräften in den Weg stellst, desto länger dauert es, ehe sie wirken.

Finde heraus, was genau du möchtest. Tatsächlich lassen sich kleine Ziele schneller verwirklichen als die größeren, aber auch das ist nicht immer der Fall. Für die Verwirklichung von kleinen Zielen benötigt es im Normalfall 24 Stunden bis 30 Tage, also einen ganzen Monatszyklus, damit sich diese tatsächlich manifestieren. Wenn in dieser Zeit nichts geschieht, ist eine Wiederholung notwendig.

Ein Zyklus beträgt immer 28 Tage. So ist es auch von Vollmond zu Vollmond oder von Neumond zu Neumond. Daher geben die Hexen dieser Technik auch den Namen „von Mond zum Mond".

Wenn deine Ziele sehr anspruchsvoll sind, musst du deine Techniken verstärken. Es kann dabei durchaus möglich sein, dass du jede Woche neue und verschiedene Magiearten einsetzen musst.

Es gibt Zauber, an denen mehrere Personen mitwirken. Diese haben ebenfalls eine längere Wirkungszeit, da jeder eine andere Absicht verfolgt. Dadurch kann der Schutzzauber beeinträchtigt werden. Im Vorfeld ist also eine Beratung vonnöten, um einen Hauptakteur festzulegen. Außerdem ist es wichtig, einen unsichtbaren Akteur, damit ist eine Person oder ein Geist gemeint, den man bittet, für den notwendigen Schutz während des Rituals zu sorgen, einzusetzen. Es wird immer jemanden geben, der versucht, Negativität ins Spiel zu bringen.

Wann sollten Schutzzauber ausgeführt werden?

Die meisten Hexen verwenden die Mondphasen, um bestimmen zu können, welcher Zeitraum günstig ist, einen Schutzzauber auszuführen. Es gibt acht verschiedene Mondphasen. Ich werde dir jedoch nur fünf dieser Phasen vorstellen.

1. **Neumond** – etwas Neues beginnt
2. **Vollmond** – Macht
3. **Schwarzer Mond** – Verbannung
4. **Sichelmond** – etwas Aufbauen
5. **Abnehmender Mond** – der Wiederaufbau / Überarbeitung

Wenn Schutzzauber nicht richtig wirken

Funktioniert ein Schutzzauber nicht, nagt dies natürlich am Selbstvertrauen des Ausführenden. Auch dir wird das gewiss passieren, aber davon solltest du dich keineswegs unterkriegen lassen. Nur der Geist weiß, was wir tatsächlich brauchen und was nicht. Hin und wieder greift er unerwartet ein und blockiert damit die eigene Arbeit. Böse Absichten verfolgt er dabei ganz und gar nicht, er möchte uns oder andere damit beschützen, da er Kenntnis von all den anderen Aufgaben hat, die noch auf uns warten.

Am besten sagst du Folgendes während einer magischen Sitzung zum Geist:

„Lieber Geist, ich bitte dich, lass das Beste für mich geschehen."

Somit erhält er die Erlaubnis, dich während der Aktivität zu führen.

Magische Rituale mit Anleitung

Jetzt wird es endlich spannend, denn in diesem Kapitel werde ich dir zunächst einmal alles Wichtige über Schutzzauber vorstellen, und dir anschließend einige verschiedene Rituale erläutern, welche du ganz leicht in die Tat umsetzen kannst.

Du hast dich durch zahlreiche theoretische Kapitel gekämpft und somit dein magisches Wissen erweitert. Daher bin ich sicher, dass du nun deine ersten Rituale selbst ausführen kannst und solltest. Dennoch möchte ich dir noch eine wichtige Anmerkung mit auf den Weg geben:

Gute Hexen setzen Magie immer mit Vorsicht und stets bedacht ein. Lass auch du dich niemals dazu verleiten, einem anderen Schaden zuzufügen. Oftmals prallen die Flüche früher oder später nämlich auf dich selbst zurück.

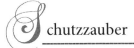chutzzauber

Vielleicht kennst du folgende Situation: Die Zeit steht still, negative Energie überschüttet einen regelrecht und es wird einem bewusst, dass man seine Umgebung von bösen Energien befreien muss. Doch es ist nicht möglich, weil man in einem wichtigen Meeting festhängt, auf einer Feier ist oder gerade mit einigen anderen Menschen im Wartezimmer des Arztes sitzt.

Stelle dir vor, du holst in solchen Situationen dein Reinigungsmaterial heraus und willst dein Reinigungsritual vollziehen - die Menschen würden wohl ziemlich irritiert gucken. Für solche Momente sind kleine SOS-Zauber sehr hilfreich.

SOS-Zauber für den eigenen Schutz

*„Mein Ruf nach alter Sitte,
ich rufe euch, mit einer Bitte,
ich bitte euch, mir die Kraft der Kräfte zu verleihen,
damit das Gute kann gedeihen.*

*Nun das Böse hier gebunden wird,
mit guter Energie ganz fest verschnürt,
nur das Wohl mir am Herzen liegt,
nun ein Segen an diesem Ort geschieht.*

*Luft und Wasser, Feuer und auch Erde,
die Kraft mit euch von ungeheurer Größe werde,
böse Kräfte jetzt zu bannen im Nu,
damit ich habe an diesem Ort meine Ruh."*

Wer mit den Elementen allein gut zurechtkommt, kann auch nur den letzten Absatz nutzen.

Das Schutzengel-Ritual

Hierbei handelt es sich um ein nicht aggressives Schutzzauberritual.

Das wird benötigt:

- ✶ Fünf Kerzen
- ✶ Fünf Gefäße (klein)
- ✶ eine Schüssel, gefüllt mit Wasser
- ✶ Räucherwerk
- ✶ Ein Metallgefäß
- ✶ eine Feder / Fächer
- ✶ Einen Stein / Kristall
- ✶ Ein Spiegel
- ✶ Ein weißes Tuch (Zeichne einen fünfzackigen Stern darauf)

So wird es gemacht:

Eine Spitze des Sterns wird nach Norden ausgerichtet. Verteile nun alle Kerzen auf den Zacken. Nimm nun das Räucherwerk und zünde es an. Ziehe dann einen Kreis um deinen Ritualplatz, du kannst ihn dir aber auch nur vorstellen. Nun betrittst du den Kreis und sprichst Folgendes laut aus:

*„Auf der Erde lebe ich und kann hier sein,
Du, liebe Erde, seiest gesegnet.
Das Feuer, das brennt, ich will dich beherrschen,
mit dem Wasser des Meeres benetze ich dich.*

*Wenn alle Geschöpfe verschwunden sind,
kannst du das Feuer ohne Gestalt sehen,
dass in sich zusammenfällt und wieder neu entfacht,
in den Tiefen des Universums, die verborgen liegen.*

*Höre nun die Stimme des Feuers!
Der Lebensatem fließt in mir
Und auch um mich herum."*

Jetzt begibst du dich in das Zentrum, also in die Mitte des Sterns und rufst die Schutzmächte:

*„Leiht mir euren Beistand, ihr Türme der Macht,
gebt es mir, durch das Symbol des Sternes mit den fünf Zacken.
Ich bitte euch darum,
oh Herr, aller Elemente: Feuer, Luft, Wasser und auch Erde.
So erhört meine bittenden Worte und ich will gehorsam auch euren
Wünschen folgen.
Ihr Geister der Luft und ihr Geister des Feuers, des Wassers und der Erde,
so erhört meine Bitte,
folget meinem Befehl.
So gebt mir und allem, was mir gehört und womit ich in Verbindung stehe
Euren schützenden Zauber.
Ich vermag vor dem Bösen geschützt sein,
Ein Leben in Frieden führen,
mir soll sich kein Übel und auch keine feindliche Macht nähern,
die Nacht soll mein Freund sein.
Das ist mein Auftrag für euch.
Für euch und eure Verbündeten.
Es sei mein Befehl.
Es ist mein Wunsch."*

Nimm die Feder oder deinen Fächer und fächle mit dem gewählten Gegenstand. Dabei sprichst du Folgendes:

„Mich umgibt ein Wind, so stürmisch, dass er alles Böse von mir fern hält!"

Visualisiere den entstehenden Wind, welcher alles Böse von dir fernhalten wird. Entzünde alle fünf Kerzen und sprich dabei Folgendes:

„Die goldenen Flammen des Feuers sollen alles Übel bannen."

Visualisiere die Flammen der Kerzen und deren reinigendes Feuer. Nimm die Schüssel mit Wasser, tauche deine Hand hinein und besprenkle alles leicht mit Wasser. Fülle zudem etwas Wasser in die fünf kleinen Gefäße und sprich:

„Mit glänzender Fläche, ein Graben so dunkel, dass er auch die Aufmerksamsten zu täuschen vermag."

In deinen Gedanken kannst du dir einen Burggraben vorstellen, der von niemandem überwunden werden kann.

Nimm anschließend den Stein oder den Kristall zur Hand und sprich Folgendes:

„Es soll ein Wall aus Steinen wachsen, dessen Spitzen scharf und unsichtbar sind."

Stelle dir eine Mauer mit scharfen Spitzen vor, die für niemanden überwindbar ist. Schließe die Augen und bete:

*„Ich beschwöre die Kräfte der Elemente, welche niemals überwindbar sind.
Sie sollen wie ein Gewand über mich kommen,
Ein Gewand aus Feuer, Wasser, Luft und Erde.
Nichts soll durch dieses Gewand hindurchdringen.
Ihr Geister des Ostens, die Luft soll mein Schutz sein und nichts,
was durch diese getragen wird, soll mich leiden lassen.
Ihr Geister des Südens, das Feuer soll mich behüten und nichts,
was durch das Feuer kommt, soll mich leiden lassen.
Ihr Geister des Westens, möge das Wasser mich beschützen und nichts,
was durch das Wasser kommt, soll mich leiden lasse.
Ihr Geister des Nordens, mein Schutz soll die Erde sein.
Nichts, was durch diese kommt, soll mich leiden lassen."*

Nimm nun den Spiegel zur Hand und sprich:

*„Göttin des Mondes, dich rufe ich an, heilige Zaruna,
die Königen des spiegelndes Mondlichts.*

*Mutter des Mondes und des ruhigen Wassers, dich rufe ich an. Lass mich
erleuchten und schenke mir die Kraft, das Böse von mir abzuwenden.
Spiegel der Kraft, alles Böse sollst du nun zurück zu seinen Wurzeln bringen.
Es dorthin, wo es herkommt.
Bring alles zurück, bis alles ausgeglichen ist."*

Drehe den Spiegel nach außen und sprich Folgendes:

*„Der Spiegel sendet alles Böse, was kommen mag, zurück.
So soll es wahrhaftig sein,
bei den Geistern des Meeres,
bei den Geistern der Erde."*

Tritt aus dem Kreis und mache eine kurze Pause. Gehe anschließend zurück und sprich deinen Dank für den Schutz aus. Verlasse den Kreis.

Dieses Ritual mag etwas aufwändig erscheinen, aber es geht immerhin um deinen Schutz, und für diesen sollte dir keine Mühe zu groß sein.

Gerechtigkeitszauber Iustitia nemini neganda

Niemandem darf Gerechtigkeit verweigert werden! Die römische Göttin für Recht und Gerechtigkeit ist Justicia. Betrachtet man bildliche Darstellungen von ihr, wird man sie fast immer mit verbundenen Augen sehen, eine Waage in der Hand haltend. In der anderen trägt sie das Richtschwert.

Diese Darstellung macht deutlich, dass das Recht ohne Ansehen der Person gesprochen werden muss. Dies verkörpert die Waage. Die Durchsetzung muss dann unter der nötigen Härte geschehen. Das Schwert stellt diesen Sachverhalt dar.

Ich möchte dir einen einfachen Zauber für Gerechtigkeit vorstellen, den du ganz einfach ausprobieren kannst.

Verwende hierfür eine Kerze mit der Farbe Violett. In den Fuß der Kerze ritzt du die folgenden Worte: „iustitiae oculus".

Die Bedeutung der Worte lautet: **Das Auge der Gerechtigkeit.**

Schreibe auf einen Zettel die Ungerechtigkeit, die geklärt werden soll. Den Zettel legst du unter die Kerze.

Je nach Wunsch und Vorhandensein kannst du auch Beweise in Form von Schriftstücken oder Screenshots zu deiner Kerze legen.

Erklärung zum Ritual

Wenn du das Ritual ausführst, bitte nicht darum, dass einer anderen Person etwas Schlechtes geschehen wird. Es ist eher so, dass die negativen Energien auf das Unrecht gelenkt werden.

Der Fall der Ungerechtigkeit wird sachlich geschildert und man begibt sich zudem ebenfalls in die Hände Göttin Justitias.

Wende den Zauber daher nur an, wenn du dir auch bewusst bist, dass du unschuldig bist. So musst du das Richten der Göttin nicht fürchten. Justitia lenkt die Gerechtigkeit auf den, der die Ungerechtigkeit verursacht hat. Das kann also auch der sein, der die Kerze entzündete.

Bist du vielleicht als Anwältin oder Richterin tätig? Dann merke dir den 8. Januar, denn dieser Tag ist der Tag der Justitia.

Erfolgsrituale

Nur wer lernt, dass er sich aufraffen und sein Bestes geben muss, kann tatsächlich erfolgreich sein. Wenn man zudem ein gutes Selbstbewusstsein und Respekt anderen gegenüber hinzufügt, kann einem alles gelingen. Ich möchte dir ein paar einfache Zauber mitgeben, welche dich auf deinen Wegen unterstützen sollen.

Leichter lernen

Das wird benötigt:

- ✶ Orangene Kerze
- ✶ Salbeiblätter

So wird es gemacht:

Bereiten alles für dein Ritual vor, so wie du es sonst auch ausübst. Zünde eine orangene Kerze an.

Bitte nun deinen Gott darum, dass er dir hilft, leichter zu lernen, damit du dir die Lerninhalte besser merken kannst.

Behalte für etwa zehn Minuten die Flamme der Kerze im Auge. Denke daran, dass du erfolgreich bist und gute Noten in der Schule / im Studium bekommst.

Im Anschluss sprichst du das Ziel des Zaubers aus. Wichtig ist, dass du die Sätze mit: „So soll es sein", abschließt.

Nimm ein paar Salbeiblätter. Diese werden an der Kerzenflamme verbrannt. Achte auf eine sichere Umgebung der Kerze. Von den verbrannten Blättern geht ein angenehmer Duft aus, der dir eine anregende und entspannte Atmosphäre zaubert, in welcher du anschließend konzentriert lernen kannst.

Diesen Zauber solltest du mindestens einmal pro Woche wiederholen, bis die Kerze vollständig heruntergebrannt ist oder bis zu dem Tag, an dem die Prüfung oder die wichtige Klausur ansteht.

Mit Zauberei eine Arbeitsstelle finden

Damit der Zauber funktionieren kann, musst du auf alle Fälle die Stellenangebote durchstöbern. Optimiere außerdem auch deinen Lebenslauf und schreibe Bewerbungen. Bereite dich zusätzlich auf Bewerbungsgespräche vor.

Magie kann die Jobsuche unterstützen. Hierfür kannst du das folgende Ritual anwenden.

Das wird benötigt:

- ✭ Eine grüne Kerze
- ✭ Räucherwerk (Jasminduft oder dein Lieblingsduft)
- ✭ Feuerzeug
- ✭ Stift und Papier

So wird es gemacht:

Bereitet den Platz für dein Ritual vor. Nimm nun die grüne Kerze zur Hand. Räuchere das Zimmer mit deinem Lieblingsduft aus. Visualisiere die Flamme deiner Kerze so lange wie möglich. In Gedanken sagst du dabei folgende Dinge auf:

- ✭ Vorstellung der perfekten Arbeitsstelle

- ✭ Wer arbeitet dort?

- ✭ Was genau wird wohl deine Aufgabe sein?

Schreibe alle Antworten auf und mache daraus ein Mantra. Dieses kannst du dir immer wieder vorsagen, wenn du zukünftig die Stellenanzeigen durchstöberst. Damit die Wunschsätze wirken, sprichst du diese direkt in die Kerzenflamme hinein. Wiederhole das Ritual so lange, bis die Kerze komplett abgebrannt ist.

Hin und wieder lässt der Erfolg trotz magischem Ritual auf sich warten. In diesem Fall kannst du Nachforschungen anstellen. Erfolg kann sich auch mit Zauberei nur dann einstellen, wenn du dich auch wirklich darum bemüht hast. Um eine gute Vorbereitung kommst du nicht herum.

Stellt sich der Erfolg nicht ein, musst du deine Fehler herausfinden und diese schnellstmöglich beheben. Möglicherweise musst du an deiner Ausstrahlung arbeiten. Vielleicht bist du auch nicht selbstbewusst genug und stehst dir dadurch selbst im Weg. Nach außen hin vermittelst du vielleicht, dass du mit deiner Arbeit nicht zufrieden bist. Jeder ist selbst sein größter Kritiker, trotzdem sollte jeder auf seine Leistungen stolz sein.

Negative Angewohnheiten verbannen

Hämatit-Ritual

Der Hämatit ist ein Stein, welcher die Schwäche, Zweifel, die Melancholie und auch die Unsicherheit aus unserem Körper ziehen kann. Eine weitere Eigenschaft dieses kleinen Steines ist, dass man falsche Kollegen und Freunde erkennen und sich von ihnen distanzieren kann. Der Hämatit ist daher der ideale Kraftstein, wenn es darum geht, Selbstvertrauen, Mut, Kraft und Stärke zu erlangen.

Damit man seine Wirkung unterstützen kann, ist es ratsam, ihn bei Ritualen, welche negative Energien entfernen sollen, einzusetzen.

Eines davon möchte ich dir vorstellen. Wichtig ist, dass du dieses sieben Tage vor dem Dunkelmond (Neumond) durchführst.

Das wird benötigt:

- ✯ Hämatit-Paar (nicht zu groß, magnetisiert)
- ✯ Eine schwarze Kerze
- ✯ Ritualpapier (Silber oder schwarz)
- ✯ Einen Stift
- ✯ Eine persönliche Opfergabe (am 7. Tag, Glasmurmel, Vogelfutter, ...)

So wird es gemacht:

Befestige die schwarze Kerze auf einem feuerfesten Untergrund. Zünde die Kerze genau sieben Tage vor Neumond an. Im Licht der Flamme schreibst du mit einem schwarzen Stift all die Dinge auf das silberne Papier, welche du bannen möchtest.

Hierbei können zerstörerische Kräfte oder auch negative Gedanken aufgeschrieben werden. DU kannst auch deine schlechten Angewohnheiten oder Krankheiten notieren, eben alles, was den eigenen Körper negativ behaftet.

Nimm nun die Steine jeweils in eine Hand und halte diese mit seitlich ausgestreckten Armen. So werden die negativen Energien direkt aus der Körpermitte heraus durch die Arme in die Steine geleitet. Halte deine Arme so lange waagerecht, wie du es aushältst. Wenn deine Arme schwerer werden, ist dies ein sicheres Zeichen dafür, dass sich die Steine mit den negativen Energien füllen.

Dieses Gefühl gilt es zu verinnerlichen. Wenn die Arme und Steine zu schwer werden, kannst du diese auf das Ritualpapier legen. Das Papier wird über den Steinen fest zusammengeschlagen.

Die Kerze wird gelöscht und die Steine in der Natur vergraben. Wichtig ist, dass du diesen Ort leicht wiederfindest.

Wenn die Nacht des Dunkelmonds beginnt, zündest du die Kerze wieder an. Dieses Mal darfst du sie abbrennen lassen. Wenn der Mond gewechselt hat, begibst du dich an den Ort, wo die Steine vergraben sind, und holst sie wieder raus. Dabei ist es wichtig, dass das Ritualpapier noch in der Erde aufbricht, damit du nur die Steine wieder an dich nimmst.

Das Loch wird verschlossen und eine Opfergabe darauf gelegt. Die Steine wurden durch die Erde von den negativen Energien befreit und gereinigt. Die Opfergabe dient als Dankeschön.

Reinige die Steine zu Hause mit kaltem Wasser und trockne diese gut ab. Danach können sie erneut verwendet werden.

Liebeszauber mit Kastanien

Von diesem Liebeszauber haben schon viele Menschen etwas gehört. Es werden Löcher in fünf Kastanien hineingebohrt und sie auf eine rote Schnur gefädelt. Dabei ist es wichtig, dass zwischen den Kastanien jeweils drei Knoten gemacht werden. Bei jedem Knoten sagt man einen Spruch auf. Ich möchte dir diesen jedoch nicht mit auf den Weg geben, denn durch diesen soll die betreffende Person wohl nicht in den Schlaf finden können, ehe sie sich in die ausführende Person verliebt.

Du kannst dir jedoch einen Spruch, der liebevoller ist, ausdenken und diesen dazu verwenden. Wichtig hierfür ist, dass man eine Kastanienschale findet, die vollkommen intakt ist, und in welcher sich zwei Kastanien befinden.

Brich die Kapsel vorsichtig auf, um herauszufinden, ob sich zwei Samen darin befinden.

Binde nun Baumwollfäden in den Farben rot und grün darum. So stellt man sicher, dass alles zusammenhält. Zu Hause zündest du eine rote und eine grüne Kerze an.

In deren Licht bittet man darum, eine beginnende Beziehung zu schützen oder eine bereits existierende Beziehung, die jedoch nicht mehr gut funktioniert, zu heilen.

Die Kastanien symbolisieren die beiden Menschen, die in einer Beziehung stehen. Auf eine der Kastanien wird rotes Wachs getropft, auf die andere grünes Wachs. Dabei sagt man den jeweiligen Namen. Ob du die rote oder die grüne Kerze bist, bleibt dir überlassen.

Bewahre den Talisman sichtbar im Haus auf. Die Schale wird sich immer weiter öffnen, da sie mit der Zeit austrocknet, natürlich werden die Kastanien so sichtbar, doch die bunten Bänder und das Haus halten sie weiterhin zusammen.

Wusstest du, dass man Kastanien schon immer mit einem Liebeszauber in Verbindung brachte? Die erste Kastanie, die man im Jahr findet, sollte man jemandem schenken, der einem viel bedeutet oder den man liebt. Mit dieser Geste wird diese Person beschützt. Wahrscheinlich haben wir alle diesen Zauber unbewusst bereits in unserer Kindheit ausgeführt.

Wohlstandszauber

Das wird benötigt:

- ✶ Ein goldener Stift
- ✶ Grünes Ritualpapier
- ✶ Eine kleine grüne Kerze

Nimm den goldenen Stift und schreibe auf grünes Papier einen Wunsch, den du an das Universum richtest. Formuliere den Wunsch positiv. Zudem ist es wichtig, dass er sich auf einen konkreten Faktor bezieht, der für dich Wohlstand bedeutet.

Beispiel: „Ich wünsche mir, dass meine Homepage sichtbarer wird, damit ich schon sehr bald neue Kundschaft habe."

Wenn man das Wort Wohlstand hört, denkt man an Münzen und Scheine, aber bei diesem Zauber handelt es sich nicht nur um einen Geldzauber. Dieser Zauber bietet sich beispielsweise für die eigene Arbeitssuche an. Es geht nicht um einen Gewinn.

So sendest du den Wunsch an das Universum

Bereite die Umgebung für dein Ritual vor. Zünde die grüne Kerze an. Stelle sie auf das Wunschpapier und lege weitere Gegenstände (Kette, Ring oder Schlüsselanhänger) in der Farbe Gold hinzu.

Lasse die Kerze vollständig herunter brennen. Am besten wählst du hierfür eine richtige Ritualkerze. Diese sind nicht so groß und haben dadurch eine kürzere Brenndauer.

Durch das Licht der Kerze werden positive Energien angezogen. Diese sammeln sich in der Flamme. Halte das grüne Papier in die Flamme, bevor sie erlischt. Auf diese Art und Weise wird der Wunsch transformiert und die Energie in greifbare Form gebracht. Nun können die positiven Energien auf die goldenen Gegenstände überfließen. Von nun an werden die Gegenstände deine Glücksbringer sein. Du kannst sie an einen Ort legen, welchen du mit deinem Wohlstandswunsch verbindest.

Reinigung

Wer das Ritual der magischen Reinigung durchführt, kann Gegenstände, Räume, aber auch Menschen von negativen Energien befreien. Die Reinigung eines Raumes ist beispielsweise eine hervorragende Einstimmung auf ein Ritual, welches du eigentlich durchführen willst. So kannst du sicherstellen, dass du ruhig arbeiten kannst.

Zu den schlechten Energien zählt auch der Ärger, welchen man mit einem Kollegen hatte und schon den halben Tag lang mit sich herumträgt. Wenn du die magische Reinigung vollziehst, kannst du den Ballast von der Seele waschen.

Es ist auch möglich, dass man so jegliche negative Gefühle, welche die andere Person gegen uns empfindet, reinwaschen kann. Und wenn wir ehrlich sind: Eine solche Störung wollen wir doch nicht zu einem Ritual mitnehmen oder?

Es ist aber auch so, dass wir negative Dinge nicht in unseren Räumen wissen wollen. Aus diesem Grund empfehle ich dir, dass du dein persönliches Umfeld regelmäßig reinigst.

Magnetismus

Jeder Gegenstand trägt eine bestimmte Energie mit sich. Diese Energien kommen nicht irgendwo her, sondern werden von dir oder anderen Personen auf den Gegenstand übertragen. Wie? Es reicht bereits, den Gegenstand nur anzufassen.

Es ist also möglich, dass ein neugekaufter Gegenstand die Energien des Verkäufers oder anderer Leute, welche ihn ebenso interessant fanden, mit sich herumträgt.

Die Gegenstände, welche wir für unsere Rituale verwenden, sollten unbedingt von diesen Energien befreit sein. Nur so können sie sich auf unsere magischen Zwecke einstimmen und nicht die Gefahr der Ablenkung mit sich ziehen.

Die eigene Reinigung vor einem magischen Ritual

Der graue Alltag, die Sorgen und der Stress sollen abgewaschen werden. Die einfachste Variante der Reinigung ist eine Dusche, bei welcher man all die physischen Dinge von sich abwaschen kann. Du kannst dies aber auch visualisieren.

Lege dich ganz gerade hin und entspanne dich. Stelle dir vor, du bist von Kopf bis Fuß von weißem Licht umgeben. Dieses Licht löst alle negativen Energien ab, die sich im Laufe des Tages an deinem Körper festgesetzt haben. Der Kokon des weißen Lichts sollte dich völlig umgeben, damit er dich reinigt, heilt und entspannt.

Dies kannst du auch während des Duschens ausführen. Hierbei lässt du das Wasser über deinen Körper laufen. Stelle dir dabei vor, wie es all die negativen Energien vom Körper abspült. Diese verschwinden mit dem Wasser im Abfluss. Stelle dir vor, dass aus dem Duschkopf ganz helles, weißes Licht fließt, welches dich komplett einhüllt.

Tipp: Wenn man nicht duschen oder gar ein Bad nehmen möchte, reicht es auch aus, sich die Hände und Füße zu waschen. Eine wundervolle Möglichkeit ist, sich in den Rauch eines Räucherstäbchens zu stellen. Auch dieser kann dich durchaus reinigen.

Die Raum-Reinigung

So wie man die Wohnung auch frei von Schmutz haben möchte, will man sie natürlich auch von negativen Energien befreien. Wichtig ist, dass richtig geputzt und aufgeräumt wird. Ein Zimmer, das von Chaos beherrscht wird, zeigt uns bei Weitem nicht, dass es tatsächlich rein ist. Zudem ist es auch so, dass der Putzvorgang bereits energetische Bewegung mit sich bringt.

Nach dem Putzen kannst du dein Räucherwerk anzünden. In einer kleinen Schale kannst du Wasser und Salz vermischen. Stelle dir vor, dass sich in dieser Schale weißes Licht befindet, welches in alle noch so kleinen Ecken des Zimmers fließt. Mit deinen Fingern verspritzt du ein wenig Salzwasser. Räuchere mit dem Räucherwerk den kompletten Raum aus. Ganz wichtig sind hierbei auch die Ecken!

Lade beim Reinigen der Fenster und Türen positive Energien auf diese. Hierfür kannst du folgenden Satz sprechen: „Möge nichts Schlechtes durch diese Tür / Fenster ins Zimmer gelangen."

Dankbarkeit

Das wichtigste Thema des Alltags sollte für jeden von uns die Dankbarkeit sein! Uns allen geht es im Grunde genommen gut, denn wir müssen nicht um das nackte Überleben kämpfen, wir sind keiner Hungersnot ausgesetzt oder müssen ständig mit der Angst leben, zu erfrieren oder zu verhungern.

Sich dankbar fühlen – aber wie oft fühlt man sich denn tatsächlich dankbar? Menschen, die sich jeden Tag bewusst dafür Zeit nehmen, darüber nachzudenken, wofür sie wirklich dankbar sind, entwickeln mit der Zeit ein besseres Bewusstsein. Die eigene Grundhaltung wird positiver und das strahlt man auch nach außen hin aus. Das Leben wird häufiger durch ein Lächeln anderer erhellt, denn auch diese reagieren positiver.

Leider ist es aber schwierig im Alltag umsetzbar. Gerade in unserer heutigen Gesellschaft ist die Zeit sehr knapp, wir haben einen Termin nach dem anderen, dabei vergisst man, dass man doch eigentlich bewusst dankbar sein sollte.

Bei diesem Ritual kannst du deiner Kreativität freien Lauf lassen und alles so gestalten, wie du es gerne möchtest.

Es ist auch möglich, dass du alle Fenster öffnest, denn so kann der Schmutz hinausziehen und die frische Luft hineingelangen.

Wiederhole das Ritual, sobald du von dem Gefühl ereilt wirst, dich unwohl in deinen Räumlichkeiten zu fühlen. Man kann dieses Ritual auch wunderbar nach einem Streit vollziehen oder wenn man eine Krankheit überstanden hat. So lässt du frische und positive Energien in deine Wohnung einziehen.

Mit Dankbarkeit den Weg zu mehr Lebensfreude ebnen

Die Dankbarkeit ist nicht nur auf der spirituellen Ebene sehr wichtig. Mittlerweile hat man auch damit begonnen, die Dankbarkeit in Form von verschiedenen Übungen in die positive Psychologie zu integrieren. Mit eben diesen Übungen ist es möglich, unser Wohlbefinden zu erhöhen. Verschiedene Studien haben zudem einen Zusammenhang zwischen Dankbarkeit und Wohlbefinden sehr deutlich aufzeigen können.

Ich möchte dir ein kleines Ritual mit auf den Weg geben, welches du jeden Morgen nach dem Aufstehen ausführen kannst.

Das wird benötigt:

* Kleine Schüssel mit Edelsteinen

So wird es gemacht:

Leere die Schüssel auf deinem Kopfkissen aus. Hierbei kannst du selbst entscheiden, wie viele Edelsteine sich in der Schüssel befinden sollen.

Die kleinen Edelsteine lässt du auf dem Kopfkissen liegen. Gehe den täglichen Pflichten nach. Mache das, was du jeden Tag tust: Arbeiten, Haushalt, Termine, Freunde treffen. Was auch immer zu tun ist, erledige alle Aufgaben, wie an jedem anderen Tag auch.

Am Abend, wenn du zu Bett gehst, wirst du die Edelsteine so vorfinden, wie du diese am Morgen hinterlassen hast.

Der Sinn der Übung ist, dass du erst schlafen gehen kannst, wenn die Edelsteine zurück in der Schüssel sind. Nimm aber immer nur einen Stein auf und sage, wofür du dankbar bist. Die Gedanken sollten sich möglichst auf das Tagesgeschehen beziehen. Du kannst aber auch generell dankbar sein, beispielsweise dafür, dass du gesund bist.

Achte darauf, dass es Spaß macht und du nicht davon genervt bist, denn wer genervt ist, kann seine Dankbarkeit nicht richtig zum Ausdruck bringen. Um zu vermeiden, dass man genervt ist, wählt man also eine Anzahl an Steinen aus, die nicht zu hoch, aber eben auch nicht zu niedrig ist. Es müssen übrigens auch keine Edelsteine sein. Du kannst auch Perlen, Murmel oder andere Dinge auswählen, die dir gefallen.

Wichtig! Versprich dir selbst, dass du für jeden Edelstein einen kleinen Dank formulierst und die Steine nicht einfach so in die Schüssel zurückwirfst.

Potenzzauber - Mond im Skorpion

Für alle Rituale, bei denen die Sexualität oder die Potenz im Mittelpunkt steht, eignet sich der zunehmende Skorpion-Mond wunderbar. Günstig ist diese Mondphase auch, um Talismane herzustellen.

Männer sollten, um ihre Potenz zu steigern, so häufig wie nur möglich in der vorderen Hosentasche ein Stück Apfelholz tragen. Dabei ist es wichtig, dass dieses mit rotem Schleifenband, welches aus reiner Baumwolle bestehen sollte, umwickelt wurde.

Von Bedeutung ist, dass sich zwischen Holz und Schleifenband ein Zettel befindet, auf welchem der Name des Mannes geschrieben steht.

Du kannst den kleinen Talisman auch als Geschenk für einen geliebten Menschen anfertigen. Wenn auch der eigene Namen mit verborgen wird, kann dieser Zauber nur wirken, wenn sich diese Konstellation erfüllt.

Schneide am Abend des Skorpion-Mondes ein fingerdickes Stück von einem Ast des Apfelbaumes ab. Wichtig ist, dass dieser Ast aufstrebend ist. Wenn du wieder zu Hause bist, bereitest du den Raum, in welchem der Talisman hergestellt wird, so vor, dass du das Ganze als Ritual gestalten kannst. Entzünde eine Kerze, die leuchtend rot ist.

Wichtig: Ritze vorher das Zeichen des Skorpiones hinein.

Halte das Holzstück in den Rauch der Räuchermischung. Diese sollte zu gleichen Teilen aus folgenden Dingen bestehen:

* Potenzholz
* Damianablättern
* Passionsblumenkraut

Räuchere auch die Schleife und den kleinen Zettel aus. Erst danach wird dieser beschriftet und mit dem Wachs der Kerze beträufelt. Wichtig ist, dass du hierbei alle Buchstaben mit Wachs bedeckst.

Ist das Wachs getrocknet, wird der Zettel auf den Ast gelegt und das Schleifenband darum gewickelt.

Immer, wenn du das Schleifenband herumwickelst, wird die Aufgabe, welche das Holzstück erfüllen soll, ausgesprochen.

Der Talisman ist fertig, wenn man am Ende der Schleife drei Knoten gebunden und diese mit einigen Wachstropfen befestigt hat. Die Zahl Drei symbolisiert die „voranstrebende Kraft".

Die Wirkung des Talismans bleibt so lange aktiv, bis sich das Band von alleine löst. Das Holzstück muss dann ohne das Band in ein fließendes Gewässer geworfen werden.

Fruchtbarkeitszauber mit Feigen

Die Feige wird im Allgemeinen schon seit vielen Jahren als Fruchtbarkeitssymbol verstanden. Sie ist das Symbol, welches für die weiblichen Geschlechtsteile steht.

Wenn du schwanger werden möchtest, solltest du unbedingt ein Fest der Leidenschaft zusammen mit deinem Liebsten veranstalten. Wichtiger Bestandteil dieses Festes ist, dass man zusammen reife Feigen verspeist. Füttert euch gegenseitig, auch wenn das albern klingt. Wenn man dann noch etwas Honig oder Sirup auf die Feigen gibt, verstärkt man die Sinnlichkeit und sorgt für Achtsamkeit. So wirkt die Kraft dieses Rituals noch stärker.

An diesem Abend ist es wichtig, dass beide Partner einige Kerne der Feige (diese sollten nicht zerbissen sein) in einen Blumentopf mit Erde spucken.

Der beste Zeitpunkt für dieses Ritual ist die Nacht vom 6. auf den 7. Juli, da dies die Nacht vor dem Festtag der römischen Göttin Juno ist. Juno ist die Göttin der Ehe, Geburt und der Schwangerschaft.

Interessant ist, dass ihr Festtag auch als Feigenfest bekannt ist. Das zeigt deutlich ihre Rolle als Fruchtbarkeitsgöttin. Natürlich haben die Feigen auch an anderen Sommertagen die Kraft der Fruchtbarkeit in sich.

Nachdem die leidenschaftliche Nacht vorüber ist, bedeckst du die Feigenkerne mit etwas Erde. Versorge den Topf in den folgenden Wochen immer gut mit Wasser, Licht und Wärme, aber vor allem mit Liebe. Sobald die Feigensamen zu sprießen beginnen, wird die Fruchtbarkeit in dein Haus ziehen.

Tipp: Verwende keine getrockneten Feigen. Damit diese haltbar bleiben, wurden sie sehr hoch erhitzt, wodurch die Samen jedoch die Keimfähigkeit verlieren. Reife Feigen haben zudem viele kleine Steinfrüchte in sich, die gut keimen werden. Um den Erfolg zu steigern, kannst du zusätzlich Saatgut kaufen.

Wächter des Hauses

Die Magie der Figuren (Wächter)

Nein, nicht immer werden Figuren mit Flüchen belegt. Man kann die kleinen Wachspüppchen nämlich noch auf vielen anderen Ebenen zum Einsatz bringen. Eine davon ist, ihr die Rolle eines Wächters zuzuschreiben, so wie in dem Zauber für den Wächter des Hauses, den ich dir gleich vorstellen werde.

Wie jedes Jahr lädt der Frühling mit seinen wundervollen, hellen Tagen dazu ein, mehr nach draußen zu gehen und auch länger von zu Hause wegzubleiben. Doch wer schützt in dieser Zeit unser trautes Heim? Richtig, eine kleine Wächterpuppe.

Es ist erforderlich, dass du dir einen Namen für den Wächter oder für die Wächterin ausdenkst. Diesen darfst du nicht vergessen und niemandem erzählen. Dem Wächter wird mit der Namensgebung die Kraft verliehen.

Das wird benötigt

- ✶ Streichhölzer
- ✶ Einen Stift
- ✶ Zwei bis drei Teelichter (aus Stearin oder Bienenwachs)
- ✶ Einen handgeschmiedeten Eisennagel (geschwärzt oder rostig)
- ✶ Einige Pfefferkörner
- ✶ Einige Stacheln / Dornen
- ✶ Ein kleines Stück Ritualpapier
- ✶ Eine hitzefeste Unterlage
- ✶ Eine Untertasse
- ✶ Ein etwa faustgroßes Stück Ton / Modelliermasse

Stelle den Wächter bei zunehmendem Mond her. Diese Zeit bietet mehr Schutz für dein Haus. Mit dem Nagel wird die eigene Adresse in eines der Teelichter geritzt, in alle weiteren der Name des Wächters. Wenn man möchte, kann man die Teelichter auch mit einem Ritual Öl bepinseln, bevor man sie anzündet.

Forme aus der Modelliermasse eine Gussform. Diese sollte die einfachen Umrisse einer menschlichen Figur haben. Achtung! Es darf nicht zu dünn sein! Passe die Größe der Form des Nagels an, welcher als Rückgrat hineingelegt wird. Der Nagelkopf wird dabei in der Kopfform der Figur platziert. Idealerweise sollte der Nagel bis zum Steißbein des zu künftigen Wächters reichen.

Er symbolisiert die Stärke, den Kampfgeist und die Unnachgiebigkeit des Wächters und verkörpert sozusagen den Gott des Krieges.

Auf der ganzen Welt benutzt man Eisen für die Herstellung von Amuletten. Diesem Element werden sehr starke schutzmagische Eigenschaften zugesprochen. Handgeschmiedetes Eisen nimmt man, weil dieses bereits unter sehr starker Belastung stand, wodurch es eine besondere Stärkung erhielt. Wenn du für deine Teelichter ein Schutz Öl verwendest, kannst du es auch für die Form verwenden. Auf der einen Seite verstärkt man den Schutz, auf der anderen hilft es dabei, den fertigen Wächter später aus der Form zu lösen.

Der Wächter bekommt seine Aufgabe

Wenn die Figur geformt ist, schreibst du auf das Ritualpapier die Aufgabe, welche der Wächter übernehmen soll. Formuliere diese wie einen Gedanken, den der Wächter stets im Kopf hat. Beispiel: „Ich, Viktor, beschütze von nun an das Haus in der Fantasie-Straße Nummer 17."

Es ist einem vollkommen selbst überlassen, ob man den Namen des Hausherren, dessen Adresse und die besonderen Gefahren mit aufzählt. Im Anschluss wird das Ritualpapier verbrannt. Die Asche dessen füllt man dann in den Kopf der Form. Sie stellt die immer vorhandenen Gedanken des Wächters dar.

In den Armen verteilst du die Dornen, sie symbolisieren die natürliche Abwehr. Die Pfefferkörner sind für die Beine gedacht. In unserer Welt hat Pfeffer in Form von Pfefferspray ebenso eine Schutzfunktion.

Während du alles vorbereitet hast, hat sich das Wachs der Teelichter komplett verflüssigt. Dieses kannst du vorsichtig in die Form gießen. So werden alle verwendeten Materialien verbunden und der Wächter erhält seine Form. Es ist sehr wichtig, dass alle Zutaten zu gleichen Anteilen bedeckt und die Form bis zum Rand ausgefüllt wird

Jetzt heißt es Geduld haben. Das Wachs muss vollständig abkühlen. Erst dann kann die Modelliermasse vorsichtig entfernt werden.

Wenn noch ein paar Reste darauf zu sehen sind, kann man diese unter kaltem Wasser abspülen.

Hauche den Wächter an, so hauchst du ihm wortwörtlich Leben ein. Sprich anschließend seinen Namen aus. Er kann jetzt in der Nähe der Haustür oder Wohnungstür verborgen werden. Eine Schublade ist der ideale Ort. Vielleicht hast du auch einen Schrank in der Nähe stehen. Dann kann der Wächter darauf platziert werden.

Er wird nun ein ganzes Jahr lang das Haus oder die Wohnung beschützen. Anschließend sollte man einen neuen Wächter anfertigen. Wer umzieht, sollte ebenfalls einen neuen Wächter anfertigen, da sich der Schutz auf eine bestimmte Adresse auswirkt. Sprich deinen Wächter hin und wieder bei seinem Namen an, beispielsweise wenn du aus dem Haus gehst, kannst du ihm auf Wiedersehen sagen und an seine Aufgabe erinnern.

Geldzauber

Dieser Zauber ist wunderbar, denn du kannst dir einfach einen Betrag ausdenken, der im zwei oder dreistelligen Bereich liegt. Das unterstreicht die Kreditwürdigkeit. Man kann ihn nicht nur dann nutzen, wenn man finanzielle Schwierigkeiten hat, sondern auch bei anderen Bedürfnissen. Er kann sogar dann angewandt werden, wenn man einem anderen Menschen helfen möchte.

Das wird benötigt

- ✭ Alufolie
- ✭ Fünffingerkraut
- ✭ Honig
- ✭ Einen Nagel
- ✭ Mindestens einen Geldschein
- ✭ Eine grüne & eine schwarze Kerze
- ✭ Quellwasser
- ✭ Zur Verfügung stehende Geldkarte

Und so geht es

Der Docht der schwarzen Kerze wird entfernt. Drehe die Kerze um und verstaue den Docht in der Kerze. Das ist hilfreich, um negative Einflüsse abzuwenden.

Als Nächstes nimmst du den Nagel, um ihn zu erhitzen. Wenn er heiß genug ist, kann man mit ihm ein Loch in die Kerze bohren. In dieses steckst du das Fünffingerkraut hinein. Verschließe im Anschluss das Loch mit etwas Wachs.

Nimm nun die Kerze mit beiden Händen auf und sprich folgenden Satz:

> *„Erfolg und Reichtum. Ich habe Kleidung, Nahrung und eine Wohnung. Mir wird es ganz sicher gut gehen. Es kommt niemand zu schaden. So ist es und so soll es sein."*

Führst du das Ritual an einem Donnerstag durch, wird die Geldkarte in Alufolie gewickelt und mit dem Fünffingerkraut bestreut. Wickle noch einmal etwas Alufolie drum herum. Es wichtig, dass die Geldscheine mithilfe aller Elemente von negativen Energien befreit werden. Dafür wird das Geld in die Mitte gelegt. Darauf legst du die Alufolie und stellst anschließend die schwarze Kerze darauf.

Jetzt wird folgender Satz gesprochen:

> *„Sobald die Kerze brennt, wird sich das Geld auf meinem Konto um das Hundertfache vermehren. Reichtum und Erfolg sind mein Weg."*

Wiederhole den ersten Teil des Zaubers noch einmal. Wichtig ist, dass die Kerze vollständig abbrennt, damit der Zauber wirken kann. Versuche, die Geldkarte so lange wie möglich über die Geldscheine zu halten, damit der gewünschte Betrag erreicht werden kann.

iebesritual

Wahrscheinlich hat fast jeder schon einmal den Schmerz unerfüllter Liebe gespürt. Dafür gibt es ein wunderschönes Ritual, um diesem ein Ende zu bereiten. Es ist sehr einfach und wurde bereits mehrfach erfolgreich ausprobiert. Das Einzige, was benötigt wird, sind ein Blatt Papier, ein Spiegel und ein Lippenstift.

Vielleicht hast du schon eine Person im Auge, doch diese ignoriert dich oder nimmt deine Gefühle nicht wahr. Dann ist dieses Ritual der Anziehung genau das Richtige für dich.

Schreibe mit dem roten Lippenstift Folgendes auf dein Blatt Papier:

„So rot, wie dieser Lippenstift ist, so sehr wird mich **[Name des Geliebten]** *haben wollen, mich lieben und sich auch um mich bemühen."*

Falte das Blatt zusammen und mache einen Ausflug zum Fluss. Wenn du dort angelangt bist, wirfst du das Blatt einfach hinein. Schon bist du fast fertig. Ganz wichtig: Rede mit niemandem darüber, wenn du nach Hause gehst. Lass dich nicht stressen und geh in aller Ruhe zurück.

Wenn du wieder in den eigenen vier Wänden bist, schreibst du mit demselben Lippenstift Folgendes auf einen Spiegel:

„Ich werde von **[Name des Geliebten]** *bis in alle Ewigkeit geliebt und gern gehabt, so wahr es Gott will."*

Diesen Satz lässt du nun so lange auf dem Spiegel, bis sich die Person, für welche du Gefühle hegst, bei dir meldet. Es ist wichtig, dass du Geduld hast, denn es wirkt nicht jeder Zauber sofort.

Zaubersalz herstellen

Befülle eine Schale mit Meersalz. Diese stellst du in der Vollmondnacht auf. Das funktioniert auch, wenn du in einem Wohnblock lebst, welcher nicht sonderlich viel Mond- oder Sonnenlicht abbekommt.

Das Mondlicht selbst erhellt die Nacht und findet dein Zaubersalz. Bitte die Kraft des Mondes um Hilfe, wenn du deine magische Arbeit ausführst. Wichtig ist, dass die Schale in der Nacht des Vollmondes auf dem Fenstersims steht.

Am nächsten Morgen wird dann das Zaubersalz in ein hermetisches Glas gegeben, welches du gut verschließt. Binde ein weißes Band darum. Das Ergebnis ist magisches Vollmondsalz, welches du ganze zwölf Mal im Jahr herstellen kannst.

Kennst du den blauen Mond? Das ist ein unglaubliches Geschenk unserer Natur. Diesen können wir sehen, wenn zwei Vollmonde in einem Monat am Himmel stehen. Das passiert alle zwei bis drei Jahre. Im Jahr 2037 wird es zudem ein ganz besonderes Blaumondspektakel geben, denn dann gibt es zwei Monate mit je zwei Vollmondnächten.

Bei einem solchen Mond gehst du genauso vor wie eben beschrieben. Wichtig ist am Ende nur, dass man kein weißes, sondern ein blaues Band um das Glas wickelt. Das blaue Mond-Magiesalz eignet sich wunderbar für Heilzauber oder Weisheitszauber. Im Laufe des Jahres wirst du dieses besondere Salz für alle möglichen Dinge verwenden können.

Du kannst das Mondsalz beispielsweise für Schutzkreise verwenden, wenn du Rituale durchführst.

Das magische Heilwasser

Auch hierfür kann das magische Mondsalz verwendet werden. Dazu nimmst du einfach eine Sprühflasche, füllst Wasser hinein und mischt drei Esslöffel des Salzes unter. Schüttle die Flasche, damit sich alles gut vermischt und schon hast du selbst heiliges Wasser hergestellt.

Bewahre die Falsche so auf, dass sie von alltäglichen Dingen getrennt und dennoch griffbereit ist. Bei allen möglichen Dingen kannst du dein magisches Heilwasser anwenden. Beispielsweise kannst du damit dein Haus oder deine Wohnung segnen. Dafür muss das Wasser überall versprüht werden. Beginne dabei immer mit Fenstern und Türen.

Stell dir dabei vor, dass du dein Haus, deine Wohnung dabei mit der Lichtkraft versiegelst. Die Lichtkraft ist die weiß glühende Kraft, die für Stärke und Güte steht. Wenn du das Ritual beendet hast, ist dein Haus gut versiegelt. Du kannst das Ritual einmal im Monat wiederholen, um den Schutz zu erneuern. Wähle dafür am besten eine Neumondnacht aus.

Wenn du auf Nummer sicher gehen willst, kannst du die Flasche mit etwas Parfüm besprühen. So kannst du sicher sein, dass die negativen Dinge des Alltags abgewaschen werden.

Die Hexe

Vorstellung

Jeder hat seine eigenen Vorstellungen, wenn er an Hexen denkt. Manche stellen sie sich als alte Frauen mit langem schwarzen Mantel und einem entstellten Gesicht vor. Auf der Nase trägt die Hexe einen dicken Pickel und ihre Zähne brauchen eigentlich schon längst einen Zahnarzt.

Andere stellen sich die Hexen aber auch als freundliche Damen oder junge Mädchen vor, wie Bibi Blocksberg, die auf ihrem Besen namens Kartoffelbrei so manches Abenteuer erlebte. Wie stellst du dir eine Hexe eigentlich vor? An dieser Stelle kannst du ein Foto aufkleben oder eine Hexe nach deiner Vorstellung aufzeichnen.

Hexen der früheren Zeit

Ganz klar ist, dass die Hexen früher ganz anders ausgesehen haben müssen. Woran man im Mittelalter glaubte, eine Hexe zu erkennen, verrate ich dir in den folgenden Punkten:

- ✯ Sommersprossen
- ✯ Helle Haut
- ✯ Dunkle Augen
- ✯ Warzen
- ✯ Rote Haare
- ✯ Stellten Medikamente her
- ✯ Meist Frauen
- ✯ Kopftuch
- ✯ Tief liegende Augen
- ✯ Hatten oft einen Buckel
- ✯ Gingen am Stock
- ✯ Katze auf dem Buckel

Die moderne Hexe

Moderne Hexen wird man fast gar nicht erkennen, oder bist du schon einmal jemandem begegnet, von dem du sicher sagen konntest, dass es sich um eine Hexe oder einen Magier handelt? Das Aussehen einer modernen Hexe ist außerdem von Kultur zu Kultur und von Region zu Region anders. Hier einige Merkmale der modernen Hexe:

- ✯ Dunkle Kleidung
- ✯ Lange Kleidung
- ✯ Schwarzes Haar
- ✯ manche tragen lange Gewänder
- ✯ Viel Schmuck
- ✯ Sie können auch aussehen, wie du oder ich

Die verschiedenen Hexentypen

Es gibt auf der ganzen Welt verschiedene Kulturen. In jeder von ihnen findet man auch Hexen oder Magier. Allerdings tragen sie nicht alle einfach nur den Namen Hexe, und sie praktizieren auch nicht alle die gleichen Magiearten. Wie du bereits festgestellt hast, gibt es viele verschiedene Rituale. Aber es gibt auch verschiedene Hexentypen, die ich dir nun genauer vorstellen werde.

Schamanen

Er kann mit Geistern in Verbindung treten und ist mit magischen Fähigkeiten ausgestattet. Er fungiert beispielsweise als Medizinmann oder als Priester. Man findet Schamanen bei verschiedenen Ethnien auf der ganzen Welt. Sie sind die Vermittler zur Geisterwelt.

Haushexe

Sie steckt ihre ganze Liebe in das Haus. Ein eigener Garten ist bei ihnen keine Seltenheit. Dort bauen sie verschiedene Kräuter und Gemüse an. Sie können sehr gut Schutzzauber und Reinigungszauber ausführen.

Wahrsagerhexe

Heutzutage findet man Wahrsagerhexen nicht mehr nur in einem Zirkus oder auf Rummelplätzen. Man kann die moderne Wahrsagerin auch telefonisch kontaktieren, damit sie einem die Zukunft durch ihre Glaskugel deutet. Sie kann außerdem Karten lesen und Teelesen.

Elementarhexe

Sie beschäftigt sich vor allem mit der Magie der Elemente Wasser, Feuer, Luft, Metall und Erde (Holz), welche für bestimmte Energien stehen. Die Lehre der Elemente untersucht die Gesetzmäßigkeiten in Bezug auf die dynamischen Umwandlungsprozesse. Hierbei betont man das Werden, die Wandlung und das Vergehen. Die Elemente werden zudem unmittelbar aus der Natur abgeleitet.

Hier gibt es vier Untergruppen.

1. Die Feuerhexe. Sie arbeitet viel mit Feuer und der Sonne. Sie ist sehr liebevoll, kann aber auch impulsiv sein.
2. Die Kräuterhexe: Ihr Spezialgebiet ist die Botanik, Floristik und Kräuterkunde. Sie haben ihren eigenen Garten und passen sich der Umgebung an. Stellen gerne Salben her.
3. Die Wasserhexe: Sie wird auch Seehexe genannt. Sie arbeiten sehr viel mit Wasser und können daraus Kraft beziehen. Gegenstände werden auch aus dem Wasser bezogen, beispielsweise Muscheln.
4. Die Sturmhexe: Bezieht die Energie aus dem Wetter. Durch Gewitter ist sie sehr machtvoll.

Kosmische Hexe

Die kosmische Hexe nutzt die Kraft der Sterne und Planeten. In diesen kann sie die Zukunft anderer lesen. Ihr Schwerpunkt liegt auf der Astronomie, Astrologie und Sternzeichen. Sie weiß, wann die Konstellationen der Sterne und Planeten am günstigsten stehen, um Zauber auszuführen.

Hier gibt es die Untergruppe der Mondhexen. Diese konzentrieren sich auf den Mond und dessen Phasen.

Kräuterhexe

Die Kräuterhexe: Ihr Spezialgebiet ist die Botanik, Floristik und Kräuterkunde. Sie haben ihren eigenen Garten und passen sich der Umgebung an. Stellen gerne Salben her.

Nebelhexen

Man nennt sie auch Nachthexe. Sie kann mit Toten oder Geistern sprechen. Mit der „anderen Seite" kann sie eine Verbindung herstellen. Sie ist nachtaktiv und hat auf ihrem Altar Fotos von Verwandten stehen. Die Nebelhexe arbeitet gerne mit toten Pflanzen oder auch mit Knochen.

Die Bedeutung der Energie

Hexen arbeiten mit Energien. Diese können positiv oder negativ sein. Wie aber wird diese überhaupt beeinflusst und woher bekommen Hexen eigentlich ihre Energie? Und was ist überhaupt ein Energievampir? All diesen Fragen bin ich auf den Grund gegangen und habe hier nun die Antworten für dich.

Wie wird diese beeinflusst und wodurch?

Eigentlich denkst du, dass du gut geschlafen hast. Aber wenn du aufstehst, bist du wie gerädert. Dann kommt dir die Woche, welche vor dir liegt, wie ein langer Marathon vor. Dein Körper und dein Kopf sind dafür aber nicht gerüstet. Zu anderen Menschen aus deinem Umfeld wirst du sagen, dass dir einfach die Energie fehlt. Das geschieht eher unbewusst, dass es aber tatsächlich so ist, kommt den wenigsten Menschen in den Sinn.

Viele menschliche Probleme haben tatsächlich etwas mit der Energie und wie diese fließt zu tun.

Wenn wir von Energieströmen sprechen, geht es nicht einfach nur um Hexenangelegenheiten. Die Energie spielt tatsächlich in sehr vielen Bereichen der Spiritualität, der Alternativmedizin und Yoga eine Rolle. Hierbei sollen die Energien ins Schwingen gebracht werden, damit sie wieder die richtigen Bahnen einschlagen, denn nur so kann sich ein Mensch wohlfühlen.

Viele Menschen haben bereits die Beschwerden gefühlt, wenn ihnen die Energie fehlt. Das Fehlen der Energie kann folgende Ursachen haben:

- ✯ Übermäßiger Alkoholkonsum
- ✯ Stress
- ✯ Drogenkonsum
- ✯ Krankheiten
- ✯ Chronische Erkrankungen im Verdauungsapparat
- ✯ Schlafmangel
- ✯ Überforderung
- ✯ Keine gesunde Psychohygiene
- ✯ Mangelnde Ordnung & Struktur

All das nimmt auf unsere Energien einen erheblichen Einfluss. Haben wir beispielsweise auf der Arbeit viele Aufgaben, die zu bestimmten Terminen abgegeben werden müssen, kommt es vor, dass manche Menschen vergessen, dass sie auch Erholungsphasen benötigen, um die Energien wieder aufzutanken.

Es gibt aber auch jene Personen, die absolut keine Struktur und Ordnung in ihren Alltag bringen können. Hin und wieder mag das vielleicht in Ordnung sein, doch auf Dauer schadet das dem Körper und dem Geist und die Energien können nicht fließen.

Man kann jedoch Einfluss darauf nehmen, wie viel Energie man selbst hat. Basierend auf den oben genannten Ursachen sollte man sich selbst reflektieren und schauen, was man verbessern kann. Wer viel Stress hat, muss lernen, seinen Tag besser zu strukturieren, Pausen einzuplanen oder auch mal Nein zu sagen und nicht ständig viel zu viele Aufgaben übernehmen.

Hat man wenig Schlaf, eben weil man zu viel arbeitet oder andere Dinge wichtiger erscheinen, so sollte man definitiv darauf achten, für ausreichend Schlaf zu sorgen. Hierbei kannst du dir kleine Rituale schaffen, welche du vor dem Schlafengehen ausführst und die dich und deinen Geist allmählich beruhigen, sodass du dann besser in den Schlaf finden kannst.

Damit einher geht auch die damit mangelnde Psychohygiene. Oftmals zerbrechen wir uns über 1000 Dinge den Kopf, wollen vieles gleichzeitig erledigen und grübeln über das, was andere gesagt haben oder was man eben noch nicht geschafft hat. Es ist sehr wichtig, zu lernen, einen Gang runterzuschalten und die Ängste, Probleme und Sorgen auch mal ausblenden zu können. Niemand sollte vergessen, trotz allem zu leben. Zur Psychohygiene gehört auch, dass man mit sich selbst gut umgeht, sich selbst liebt und wertschätzt. Um die Energie wieder aufzufüllen, kannst du außerdem verschiedene magische Rituale anwenden.

In Bezug auf Krankheiten und chronische Erkrankungen es ist von Bedeutung, regelmäßig seinen Arzt aufzusuchen, um mit ihm über die Beschwerden zu sprechen, damit eine dauerhafte Lösung gefunden werden kann, diese einzudämmen oder gar zu beenden. Du siehst also, es liegt vor allem in deiner eigenen Hand, wie deine Energien beeinflusst und aufgeladen werden können.

Wie erhält man eigene Magie?

Die Magie trägst du bereits in dir, du musst nur bereit dafür sein, sie zu entdecken, anzunehmen und zu wirken. Dabei ist es ganz wichtig, dass du selbst an dich und deine Kräfte glaubst. Magie und Selbstbewusstsein sind tatsächlich sehr eng miteinander verknüpft. Ohne das notwendige Selbstbewusstsein und Selbstvertrauen kannst du keinen Zauber wirken. So ist es auch mit dem Glauben. Wer nicht an sich und seine Kräfte glaubt, dem wird es auch nicht gelingen, bei seinen Ritualen erfolgreich zu sein.

Was ist ein Energievampir?

Kennst du das? Du triffst dich mit einer Person, führst mit ihr stundenlang Gespräche und danach fühlst du dich einfach ausgelaugt und völlig energielos. Meistens hat man es hier mit Energievampiren zu tun, denn diese entziehen uns, auch wenn es unbewusst geschieht, unsere Energie.

Oftmals scheinen sich diese Energievampire regelrecht für uns und unsere Tätigkeiten zu interessieren. Sie schenken uns dann ihre volle Aufmerksamkeit. Dadurch fühlen wir uns natürlich geschmeichelt, beginnen zu erzählen und uns zu öffnen. Nach der Unterhaltung ist man dann jedoch vollkommen leer und es scheint so, als ob der andere unsere Energien aus uns heraus gezogen hat.

Energievampire sind nicht dazu in der Lage, sich selbst aufzubauen oder ihre Energien aufzuladen. Sie brauchen es, anderen Menschen die Energie auszusaugen. Der Großteil von ihnen macht das natürlich ohne böse Absicht, und trotzdem geschieht das auf den Kosten anderer.

Dann gibt es außerdem auch noch die Schwarzmaler. Diese wälzen ihre eigenen Probleme auf uns ab. Es wird ständig von Belastungen erzählt, und wie schwer das Leben doch ist. Wort für Wort übertragen sie ihren emotionalen Müll auf uns. Hinterher fühlen sich diese dann wohler und wir sind nach einer solchen Begegnung eher schwach und bedrückt, als hätten wir eine schwere Last vom anderen übernommen.

Was aber kann man dagegen tun?

Wenn man merkt, dass ein Gespräch sich nur um negative Dinge dreht, sollte man immer wieder versuchen, das Gesprächsthema zu wechseln und angenehme Themen anzusprechen.

Beide beschriebenen Personen sind keine Zeitgenossen, die auf Dauer angenehm sind. Überlege dir also gut, ob du diese weiterhin in deinem Leben haben möchtest oder ob es vielleicht besser wäre, sie auf Abstand zu halten oder gar den Kontakt abzubrechen. Auch wenn das hart klingen mag: In erster Linie sollte sich jeder Mensch um sich selbst kümmern und dafür sorgen, dass er sich rundum wohlfühlt und seine Energien nicht geraubt werden.

An dieser Stelle möchte ich dir einen Überblick über die Sofortmaßnahmen geben, welche du gegen solche Energiefresser einsetzen kannst:

Entziehe ihnen die Aufmerksamkeit, denn wenn sie deine Aufmerksamkeit haben, saugen sie deine Energie heraus. Dies kannst du erreichen, indem du deine Körperhaltung änderst und dich distanzierst.

Baue dir einen Energie-Schutz auf. Stelle dir hierfür einfach vor, dass du von hellem Licht umgeben bist. Dieses umstrahlt dein Energiefeld wie eine schützende Lichtkugel. So können keine negativen und manipulativen Energien in dein Energiefeld eindringen. Dabei ist es wichtig, dass du deine Lichtkugel auch spürst, und dir diese nicht nur vorstellst.

Belastende Energien kannst du ganz einfach in die Erde ableiten. Die Natur verwandelt die abgestorbenen Blätter in nährstoffreichen Kompost. Bitte daher Mutter Erde, alles, was dich belastet, aufzunehmen, und in gute Energien umzuwandeln. Unterstützend kann es sein, wenn du dir genau das vorstellst.

Bitte um Unterstützung. Manchmal sind die Energieräuber sehr hartnäckig. Hier ist es wichtig, sich Unterstützung zu holen. Du kannst beispielsweise Engel anrufen, Heilige, Vorfahren oder spirituelle Lehrer um Hilfe bitten. Bitte sie darum, dass sie dich vor den Energiefressern beschützen. Die geistige Welt hilft uns von ganz allein, aber sie möchte darum gebeten werden.

Distanziere dich innerlich und äußerlich. All das Gejammer und Genörgel der anderen Personen sind nicht deine Probleme. Sie versuchen, dich in ihre dunkle und unglückliche Welt hineinzuziehen. Hier musst du lernen, dich in innerliche und äußere Distanz zu üben. Lasse nicht alles an dich heran, was dir erzählt wird, und halte möglichst Abstand. Du solltest dir auch überlegen, ob du dich nicht komplett von diesen Menschen fernhalten möchtest.

Du musst dir außerdem bewusst werden, dass die äußere Realität eine Projektion der inneren Realität ist. Das bedeutet: So wie es im Inneren aussieht, sieht es auch Außen aus und umgekehrt. Gleiches wird von Gleichem angezogen. Wenn du immer wieder von negativen Menschen umgeben bist, solltest du einmal in dich hinein lauschen und herausfinden, wie es in dir aussieht. Frage dich, welche Themen du ins Unterbewusstsein verdrängt hast. Energievampire kann man nur dann auf Dauer vertreiben, wenn man sich mit sich selbst auseinandergesetzt hat.

Lerne durch mentales Training umzudenken. Dazu gehört, dass du deine negativen Glaubenssätze in positive verwandelst. Hierfür kannst du auch professionelle Unterstützung aufsuchen.

Du hast außerdem die Möglichkeit zur energetischen Reinigung. Oftmals wird uns sehr viel emotionaler Müll durch Begegnungen und Erfahrungen hinterlassen. Zur Erinnerung: Auf Seite 116 findest du das perfekte Reinigungsritual.

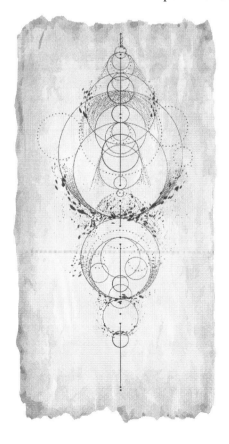

Puppenmagie

Was ist Puppenmagie?

Du hast gewiss schon einmal etwas vom Voodoo-Zauber gehört. Hier werden Puppen genutzt, denen man den Namen seines „Feindes" gibt und mit Nägeln durchbohrt, damit diese Schmerzen erleiden oder im schlimmsten Fall sogar dadurch sterben können.

Puppenmagie ist allerdings viel mehr als nur Magie, mit welcher man anderen Menschen Schaden zufügen kann. Sie kann durchaus auch sehr viele positive Seiten haben. Welche das sind, und wie man die Magie der Puppen noch anwenden kann, werde ich dir in den nächsten Unterpunkten sehr gerne erläutern.

Zur Erinnerung: Auf Seite 104 habe ich dir bereits ein Ritual für einen Schutzzauber vorgestellt, bei welchem eine kleine Wachspuppe zum Einsatz kam.

Ursprung

Sie zählt wahrscheinlich zu den ältesten Formen der Magie - die Puppenmagie. Möglicherweise reichen ihre Ursprünge sogar bis zum Anfang der Menschheit zurück, denn dort hat man Figuren aus Ton, Holz und alten Knochen hergestellt. Höchstwahrscheinlich tat man dies nicht nur, um eine Gottheit anzubeten. Man benutzte viele dieser Puppen, um Menschen zu heilen. Aber wie das nun mal so ist: Da, wo es gute Seiten gibt, sind die schlechten nicht weit.

Die Puppenmagie wurde und wird es immer noch für Schadensmagie verwendet. Bei den alten Ägyptern wurden die Feinde des Pharaos Ramses des III. durch Puppenmagie verflucht und letztendlich getötet.

Die Magie der Puppen wurde auch von den alten Griechen genutzt. Die meisten Puppen waren wahrscheinlich aus Wachs. Man beschriftete sie mit Zeichen und Symbolen, welche man mit Nägeln oder spitzen Gegenständen hinein ritzte. Anschließend wurden sie ins Feuer gelegt oder in der Erde begraben. Im antiken Griechenland nannte man diese Puppen „Kolossi".

Die bekanntesten Magiepuppen sind die Voodoo-Puppen. Diese haben einen regelrechten Weltruhm durch Filme oder Bücher erlangt. Die Religion des Voodoo stammt aus Haiti. Diese sollte man nicht mit dem aus dem Südstaaten stammenden Hoodoo, auch Volksmagie genannt, vergleichen, auch wenn in beiden Religionen die Puppenmagie genutzt wird.

Anwendung

Die Puppenmagie ist eine systematische Magie und allgemein auch als weiße Magie bekannt. Man benutzt sie zum Heilen oder zum Glück bringen. Die magischen Puppen können aber auch für Schutzzauber eingesetzt werden.

Die Herstellung der Puppen ist sehr einfach. Mit vorgefertigten Formen kann man diese einfach aus Wachs gießen oder man benutzt Stoff und alte Kleidungsstücke. Hauptsächlich werden natürliche Materialien zum Herstellen genutzt. Dazu zählen unter anderem auch Stroh, Baumwolle, Leinen oder Kerzenwachs. Man kann ebenfalls einen Mehlteig anfertigen, welcher nicht gebacken wird.

Außerdem lassen sich Puppen auch aus Lehm formen.

Die Puppe sollte auf jeden Fall einen Kopf, zwei Arme, einen Körper und auch zwei Beine haben. Es lässt sich auch eine Tierpuppe herstellen, wenn es um den Schutz oder die Heilung von Haustieren geht. Bestenfalls sieht die Puppe demjenigen ähnlich, der mit einem Zauber belegt werden soll.

Die Puppenmagie lässt sich mit der Farbmagie kombinieren. Wenn du beispielsweise rot an deiner Puppe anbringst, kann sie für Liebesrituale genutzt werden. Bringst du etwas Grünes an deine Puppe an, wird sie für Rituale, die Glück, Geld oder den Job begünstigen sollen, verwendbar sein.

Orange fördert Freundschaft und Familienzusammenhalt.

Weiß ist für Schutz und Heilung gedacht. Mit der Farbe Schwarz bannt man böse Flüche, führt Rituale gegen Negatives oder Verwünschungen aus.

Puppen, welche man aus Stoff herstellt, werden später mit Reis, Kräutern, Papier, Stroh oder ähnlichen Dingen gefüllt. Um sie anwenden zu können, braucht die Puppe einen Bezug zu der Person, welche man verzaubern will. Zur Heilung von Krankheit oder um gute Energien zu versenden, schreibt man den Namen der Person und möglicherweise auch das Geburtsdatum darauf. Wenn noch Platz besteht, sollte auch der Grund für die Verzauberung aufgeschrieben werden. All das ritzt man mit spitzen Gegenständen in die Puppe hinein. Bei Puppen aus Stoff schreibt man das auf einen Zettel, welchen man entweder in die Puppe hineinsteckt oder an ihr befestigt. Du kannst ihr aber auch ein Bild der betreffenden Person aufstecken.

Wenn man sie nutzen möchte, um jemand anderem Schaden zuzufügen, ist es hilfreich, dunkle Erde zu verwenden. Diese holt man sich beispielsweise vom Friedhof. Man kann aber auch einfach nur Hexenkräuter beziehungsweise sogenannte Nachtschattengewächse hineinfüllen.

Wichtig: Nutze Schadenszauber nur, wenn tatsächlich ein guter Grund besteht. Das ist allerdings nur sehr selten der Fall. Sei dir außerdem immer bewusst, dass ein Fluch früher oder später auch zu dir zurückkommen kann. Hast du noch keine Magieerfahrungen gesammelt, solltest du von Schadenszauber definitiv die Finger lassen.

Bevor die Puppe verwendet werden kann, muss sie natürlich magisch aufgeladen werden. Hierfür gibt es verschiedene Rituale, beispielsweise kann man die Puppe ins Mondlicht legen. Es ist wichtig, darauf zu achten, dass sie anschließend nicht dem Sonnenlicht ausgesetzt wird. Wickle deine Puppe in ein schönes Stück Stoff und lege sie beispielsweise in eine Kiste.

Magiepuppen sollten stets gut behandelt werden. Begegnet man ihnen mit Respekt, kann eine gute Verbindung entstehen.

Wenn die Puppe aufgeladen ist, sollte man erst einmal ein magisches Umfeld schaffen. Das bedeutet, dass du den Platz für dein Ritual vorbereitest. Hier hältst du dich einfach an die Anweisungen des jeweiligen Rituals, das du ausführen willst.

Die Puppe kommt zum Einsatz, wenn du alles vorbereitet hast. Nun können sie mit den entsprechenden Utensilien bestückt werden. Anschließend sprichst du einen kleinen Weihzauber:

> *„Erschaffen habe ich dich.*
> *du trägst den Namen* **[Name der Puppe]***!*
> *Meine Zauber lebe ich hier*
> *und verleihe dir Kräfte.*
> *du und ich sind von nun an eins*
> *und zaubern gemeinsam."*

Anschließend nennst du der Puppe ihre Aufgabe. Diese kannst du mit Nadeln einritzen oder einfach auf einen Zettel schreiben, den du dann auf die Puppe legst oder steckst. Jetzt kommt die Vorstellungskraft zum Einsatz. Es geht dabei darum, zu visualisieren. Stelle dir in Gedanken vor, wie deine Puppe arbeitet und den Zauber ausführt.

Interessant ist, dass eine Puppe ebenfalls dann helfen kann, wenn man das Gefühl hat, selbst von Flüchen oder Schadenszaubern betroffen zu sein. Immerhin hast du sie erschaffen und bist eins mit ihr. Wie du hier vorgehen kannst, liest du am besten in Kapitel 4 noch einmal nach.

Was sind magische Geflechte, wofür werden sie verwendet?

Es handelt sich um ein gegenwärtiges Gefüge von magischen Energien. Diese durchdringen jedes Lebewesen und jede Form der Natur.

Ein magisches Geflecht hat Knotenpunkte und manche von ihnen weisen eine sehr starke magische Energie auf. Das trifft auf heilige oder verfluchte Orte, einen magischen Gegenstand oder den Geist eines verstorbenen Lebewesens zu.

Zwischen diesen Strängen bestehen auch Verbindungen, durch welche räumlich getrennte Dinge auf magische Art verbunden werden.

Damit Magie gewirkt werden kann, muss man an diesen Verbindungen eine Manipulation vornehmen oder die magische Energie aus dem Geflecht nehmen.

Du kannst magische Geflechte auch selbst herstellen. Hierfür habe ich ein Beispiel für dich, das du direkt anwenden kannst, vorausgesetzt, du hast Zwiebeln zu Hause:

Der Zwiebelzopf

Wenn du diesen machen willst, benötigst du viele Zwiebeln, die bereits grüne Spitzen zeigen und eine Schnur, die etwa vier Meter lang ist.

Falte die Schnur zunächst in der Mitte und mache am Ende einen Knoten, um eine Schlaufe entstehen zu lassen.

Am besten legst du die Schnur nun auf eine glatte Oberfläche, da es sich so am besten weiter arbeiten lässt. Nimm dann eine Zwiebel zur Hand und füge diese an die Schnur an, sodass die grüne Spitze eine dritte Schnur ergibt. Jetzt flechtest du mit drei Schüren so lange, bis die Zwiebel festsitzt.

Nimm nun die nächsten Zwiebeln und fahre genauso fort. Du kannst den Zwiebelzopf in der Wohnung, die meisten wählen die Vorratskammer oder die Küche, aufhängen. So sorgt er für den notwendigen Schutz.

Wichtig ist, dass du dich während der Tätigkeit voll und ganz auf deine Absichten konzentrierst, die der Zwiebelzopf erfüllen soll. Eine Zwiebel ist auf ganz magische Weise mit dem Schutzzauber verbunden. Beim Einflechten der Zwiebeln kannst du diese mit einer Formel der Beschwörung rezitieren. Das verbindet die Zwiebel mit jeder Art von Schutz, den du selbst für wichtig hältst.

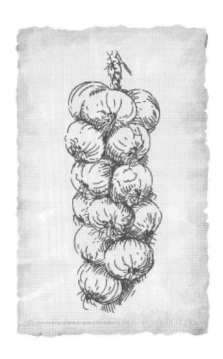

Verschiedene Techniken

Magie kann mit verschiedenen Techniken gewirkt werden. Diese stelle ich dir nun genauer vor.

Meditieren

Man konzentriert sich vollkommen auf sich selbst und stoppt das gedankliche Chaos. Durch Meditation können Blockaden, Stress und Spannungen aufgelöst werden. Dadurch wird der Geist frei und klar, die Psyche wieder ausgeglichen und man selbst ist von Harmonie erfüllt. Der Körper entspannt und man verhält sich weniger verkrampft.

Visualisieren

Es geht darum, sich genau vorzustellen, wie beispielsweise die magischen Puppen wirken oder sich die Zauber auf Personen oder Gegenstände legen. Dabei ist die innere Vorstellungskraft sehr gefragt.

Manifestieren

Bestimmte Dinge, Träume, Gedanken oder Wünsche sollen offenbart und für andere erkennbar gemacht werden.

Vorhersagen und Symbolik verstehen

Unter Verwendung von Kristallkugeln kann eine Hexe zukünftige Geschehnisse vorhersagen. Um verschiedene Symboliken verstehen zu können, muss eine gute Hexe sich mit magischen Zeichen und Symbolen auseinandersetzen. Durch die Kapitel „Magische Symbole und Zeichen" auf Seite 48 und „Die Bedeutung des Wortes Rune" auf Seite 55 erfährst du bereits jede Menge darüber. Du kannst dir ebenso spezielle Bücher, welche diese Themen ausführlich behandeln, zulegen.

Kaffeesatzlesen

Hierfür wird eine Untertasse auf die Tasse, in welcher sich Kaffeesatz befindet, gelegt. Anschließend drehst du die Tasse um, sodass nun die Untertasse tatsächlich unten liegt. Anschließend drehst du das Ganze wieder um. Auf dem Boden der Tasse befindet sich dann ein Fleck, aus welchem etwas aus der Zukunft gelesen werden kann. Wenn du Genaueres erfahren möchtest, empfehle ich dir die Lektüre von 8. (Seite 168).

Zeichen der Götter verstehen

Manchmal schicken uns die Götter Zeichen. Diese gilt es zu verstehen, und die Botschaft, welche sich dahinter versteckt, zu deuten.

Tarotkarten

Hierfür wird ein Satz von 78 Karten verwendet. Diese benutzt man, um Wahrsagen und Voraussagen zu können. Auf den Karten befinden sich verschiedene Zeichen und Bilder. Vor dem Kartenlegen stellt man sich einer bestimmten Situation, auf die es eine Antwort zu finden gilt.

Mit der linken Hand zieht man vier Karten und legt diese verdeckt aufeinander. Anschließend deckt man sie auf und legt sie kreuzförmig auf den Tisch. Die erste Karte wird links, die zweite rechts, die dritte oben und die vierte unten hingelegt.

Die momentane Situation wird auf der ersten Karte gezeigt. Die Zweite zeigt, was unwichtig ist. Auf der dritten Karte sieht man das, was beachtet werden soll. Dies ist übrigens die wichtigste Karte. Die Vierte zeigt uns an, was danach kommt.

Bei einer anderen Methode des Kartenlegens muss man eine konkrete Frage formulieren. Anschließend werden die Karten gemischt, drei davon gezogen und nebeneinander von links nach rechts hingelegt.

Je nach Position der Karten beantworten diese dann Folgendes: Karte 1 beantwortet etwas aus der Vergangenheit, Karte 2 aus der Gegenwart und Karte 3 die Zukunft.

Karte 1 kann etwas über mich sagen, Karte 2 über den Partner und Karte 3 über die Umwelt.

Karte 1: Was spricht dafür? Karte 2: Was spricht denn gegen? Karte 3: Was passiert, wenn ich das tue?

Du kannst dir ein erstes Tarotkarten-Set mit einem Buch für Anfänger zulegen.

Wunschzauber

Hierzu zählen verschiedene Rituale der weißen Magie, bei denen es darum geht, dass sich Wünsche erfüllen. Der Wunsch nach Erfolg, Geld, Liebe, Partnerschaft, Fruchtbarkeit und noch sehr vieles mehr.

Numerologie

Hier werden einzelnen Zahlen oder Zahlenkombinationen bestimmte Bedeutungen zugewiesen. Die Zahlen haben dabei eine symbolische Funktion. Diese gehen weit über mathematische Funktionen hinaus. Die Zahl 13 gilt beispielsweise als Zahl des Unglücks. Den Zahlen werden verschiedene Eigenschaften wie männlich, weiblich oder auch heilig zugeschrieben. Diese variieren von Kultur zu Kultur. Im Hinblick auf das Judentum und dessen siebenarmigen Kerzenleuchter wird deutlich, dass es die Numerologie schon seit Langem gibt. Mit der Numerologie kann man Wahrsagen und Erkenntnisse gewinnen.

Handlinien

Auf unseren Handinnenflächen befinden sich zahlreiche Linien. Sie alle haben verschiedene Bedeutungen, aus welchem gute Hexen zukünftige Ereignisse herauslesen können. Ich empfehle folgendes Buch dazu: Die Geheimnisse der Hand: Erkenne deine Vergangenheit, Gegenwart und Zukunft.

Kraftspender

Eine Hexe, die regelmäßig Rituale und Zauber ausführt, kommt irgendwann an den Punkt, an welchem ihre Energien aufgebraucht sind. Damit sie aber weiterhin aktiv Magie anwenden kann, muss sie neue Kräfte sammeln. Das kann sie am besten mit sogenannten Kraftspendern tun. Für dich habe ich die wichtigsten Kraftspender zusammengetragen, damit du auch genügend Kraft schöpfen kannst, um Magie zu wirken.

Besondere Orte

Man muss gar nicht weit reisen, um Orte zu finden, wo man die Kraft der Magie spüren kann. Es gibt sehr viele magische Plätze direkt in unserer Nähe.

Magische Orte werden auch als Kraftfelder bezeichnet. Für Hexen und Magier sind das ideale Plätze, um ihre Energien wieder aufzutanken. An diesen Orten liegt die Magie regelrecht in der Luft. Vor vielen Jahrhunderten oder auch Jahrtausenden sollen sich an diesen Plätzen Legenden abgespielt haben. Deren Kräfte und deren Magie sind heute immer noch spürbar.

Ich möchte dir an dieser Stelle neun Orte vorstellen, welche du in Deutschland findest.

Der Untersberg

1992 bezeichnete der Dalai Lama diesen Berg als Herzchakra von Europa. Er wird von gigantischen Höhlensystemen durchzogen. Diese werden von Kobolden bewacht. Außerdem sollen sie die Zeitreise möglich machen. Die Bewohner der Höhlen sind Riesen und Wildfrauen. Das Wasser aus den Quellen des Berges soll Kraft und Heilung bringen.

Der Berg liegt auf der Grenze zwischen Bayern und Salzburg.

Die Externsteine

Hierbei geht es um fast 40 Meter hohe Sandsteinfelsen. Sie gelten als eine germanische Kultstätte und sind bereits über 70 Millionen Jahre alt. Eine Legende besagt, dass auf dem höchsten Felsturm ein Baum stand, welcher den Namen Irminsul trug. Er stellte die Verbindung zwischen Himmel und Erde dar.

Diesen Steinen, insgesamt 13, wird eine unglaublich intensive Erdstrahlung zugeschrieben. Diese wirkt sich positiv auf unsere Kreativität aus. Ungefähr 1 Million Menschen besuchen diese Steine jedes Jahr.

Man findet diese Felsen in Horn-Bad Meinberger im Ortsteil Holzhausen-Externsteine. Dieser Ort liegt im Kreis Lippe in Nordrhein-Westfalen.

Das Jesusbrünnlein

Eine Sage besagt, dass einst ein Schäfer an diesem Platz seine Schafe bei glühender Hitze hütete. In der Umgebung waren alle Brunnen bereits ausgetrocknet. Vor lauter Durst und Angst um sein Vieh fiel er auf die Knie und flehte den barmherzigen Heiland an, ihm zu helfen. Wie durch ein Wunder sprudelte plötzlich aus einem Felsen eine Quelle mit frischem klarem Wasser. Diese rettete dem Schäfer und seinen Tieren das Leben.

Die Quelle nennt man auch Gnadenquelle. Ihr Wasser soll eine heilende Wirkung haben. Außerdem ist sie von zahlreichen Heilkräutern umrandet.

Du findest das Brünnlein am Fuße der Hörselberge in Thüringen. Wenn du hinaufsteigen möchtest, startest du am besten am Bahnhof Schönau.

Der Himmelsweg von Nebra

In der Bronzezeit haben Fürsten die Himmelsscheibe von Nebra geschmiedet. Diese ist zwei Kilo schwer. Man fand sie 2002 auf dem Mittelberg bei Nebra. Zur damaligen Zeit bestimmte man mit ihrer Hilfe die Sommersonnenwende. Dies war für die Ernte sehr wichtig. Außerdem diente sie als Ritualkalender, um die Opfertage festzulegen.

Die vier Stationen der Himmelsscheibe stellen eine ganz besondere Art der Zeitreise dar. Hier soll man dem Jenseits ganz nah sein, auf den Spuren der Vorfahren wandern und außerdem den Schutz der Götter genießen.

Wenn du die Himmelsscheibe von Nebra besuchen möchtest, musst du nach Wangen fahren, genauer gesagt nach An der Steinklöbe 16 in Sachsen-Anhalt.

Der Hügel von Ruhpolding

Vor der Stadt gibt es einen See. In diesem soll laut einer Sage im dritten Jahrhundert ein Drache gehaust haben. Der heilige Georg schwang seine Lanze und tötete ihn, als er auftauchte. Die Kirche St. Georg symbolisiert noch heute den Kampf gegen das Böse.

Die Kirche ist von drei Quellen umringt. Deren Wasser unterstützt den menschlichen Körper bei der Abwehr von Krankheiten. Wenn du diesen Ort besuchen möchtest, musst du nach Ruhpolding in Bayern fahren.

Die Klosterruine von Disibodenberg

Die christliche Stätte verdankt ihren Namen Disibodus, welcher das Kloster um 640 gründete. Damals lebten hier die Benediktinerinnen. Unter ihnen lebte auch die berühmte Seherin und Heilerin Hildegard von Bingen. Heute zählt diese Kirche als Wallfahrtskirche.

Die Ruine ist eine wahre Meditationsoase und zieht zahlreiche Pilger an. Diese wandern auf dem Weg der Besinnung. Dabei spüren sie den Geist von Hildegard. Du findest die Ruine in Odernheim am Glan in Rheinlandpfalz.

Der Gollenstein bei Blieskastel

Die Form des Steins lässt bereits erahnen, dass es sich hier um einen Fruchtbarkeitskult handelt. Er entstand in der Jungsteinzeit. Über viele Jahrhunderte hinweg war er ein beliebtes Wallfahrtsziel. Er ist ungefähr sieben Meter hoch und hat eine positive Kraft auf die Fruchtbarkeit von Mensch, Tier und Felder. Wer diesen Stein besuchen möchte, muss nach Blieskastel im Saarland fahren.

Der Everstorfer Forst

Hier findest du 15 Großsteingräber aus der Jungsteinzeit. Diese sind in zwei Gruppen aufgeteilt. Man konnte sich damals nicht vorstellen, dass Menschen diese Gräber aufgebaut haben. Demzufolge sagte man im Mittelalter, dass Riesen oder gar der Teufel diese erschaffen haben.

Von den Steinen soll eine undefinierbare Kraft ausgehen. Sie befinden sich östlich von Grevesmühlen im Landkreis Nordwestmecklenburg in Mecklenburg-Vorpommern.

Der Gesundbrunnen von Bad Düben

Vor sehr vielen Jahren ist ein Wandergeselle aus Bad Düben in die Welt hinausgezogen. Er wollte sein Glück suchen und hatte sich bereits viele Orte angeschaut. Doch dann verspürte er Heimweh. Also reiste er zurück und zog dabei quer durch die Wälder. Demzufolge war er sehr lange unterwegs. Kurz vor seinem Ziel wurde er von der Dunkelheit überrascht. Müde und vollkommen kraftlos sank er unter einem Holunderbusch in den Schlaf. Gegen Mitternacht weckte ihn allerdings ein Geräusch. Ganz nah bei ihm hörte er ein Stöhnen und Knirschen. Ein kleines Männlein versuchte mit aller Kraft, aber erfolglos, einen Stein von der Stelle zu bewegen. Der Wandergeselle bot ihm natürlich seine Hilfe an und rückte den Stein zur Seite. Dort, wo der Stein gelegen hatte, sprudelte plötzlich eine Quelle. Sein Wasser wurde zu einem Bächlein, welches durch das Tal und die Wiesen floss. Das Männlein freute sich und riet dem Wandergesellen, von der Quelle zu trinken, denn deren Wasser sollte ihm Gesundheit bringen.

Natürlich probierte der Wandergeselle von dem Wasser und spürte sofort, dass seine Kräfte zurückkamen. Als Dankeschön für die Hilfe gab das Männlein ihm einen Becher mit kühlem Wasser vom Gesundbrunnen. Wenn er kranke Menschen von dem Wasser trinken ließe, sollten diese schnell wieder gesund werden.

Als das Männlein verschwand, machte sich der Wandergeselle auf den Weg in seine Heimat. Als er zu Hause war, feierte er das Wiedersehen mit seiner Mutter. Alles, was das Männlein ihm gesagt hatte, sollte geschehen. Wer von dem Wasser trank, wurde gestärkt, froh oder gesund. Noch heute trinken viele Wandersleute von der Quelle.

Du findest sie, wenn du von Bad Düben nach Söllichau fährst und dann auf der linken Seite im Wald wandern gehst. Der Weg zum Gesundbrunnen ist ausgeschildert.

Jahreskreisfeste

Das bekannteste Jahreskreisfest für Hexen ist die Walpurgisnacht. Es ist das Fest der Geschlechtsreife, der fließenden Energien sowie aufsteigenden Kräfte. Die Walpurgisnacht läutet die Ankunft des Sommers ein.

Ein weiteres Fest ist „Litha" - das Fest der Sommersonnenwende. Der Sommer beginnt und die Saat ist bereits ausgesät und zur Reife bereit. Es wird am 20./ 21. Juni gefeiert. An diesem Tag hat die Sonne ihren höchsten Stand erreicht.

Vom 31. Juli bis 1. August wird das „Lughansadh" gefeiert. Man nennt es auch Erntefest oder Kornfest. Es ist die Zeit der Ernte und Fülle. Der Erntegott der Erde opfert sich, damit neues Korn wieder wachsen kann.

Vom 19. bis 23. September begeht man den „Mabon", auch die Herbsttagundnachtgleiche genannt. Jetzt ist die Ernte vorbei und die Nächte werden länger. Man bedankt sich bei den Göttern und es wird die Fruchtbarkeit der Erde so wie die Ernte gefeiert.

Am 31. Oktober ist Halloween. Hierbei handelt es sich um das dritte und letzte Erntefest. Magische Frauen und Druiden feiern am 1. November auch das Neujahrsfest, welches man „Samhain" nennt. Hier wird Altes verabschiedet und losgelassen. Außerdem bereitet man sich auf die dunkle Jahreszeit vor. Zu dieser Zeit sind die Schleier zwischen der Dieswelt und Anderswelt sehr durchsichtig. Der Tag gilt als ein Feiertag der Toten, welche unter uns umherwandeln und nur durch den dünnen Schleier von uns getrennt sind.

Zum Julfest, auch Wintersonnenwende genannt, beginnt das eigentliche Neujahr. Dieses Fest wird am 21.12. gefeiert. Von diesem Tag an nimmt die Strahlkraft der Sonne jeden Tag zu. Hexen und Magier feiern die Wiedergeburt des Lichtergottes.

Am 2. Februar wird Lichtmess, auch „Imbolc" genannt, gefeiert. Dieser Feiertag gilt der Göttin Brighid. Sie ist die Göttin der Inspiration.

Am 21. März feiert man die „Ostara", auch die Frühlingstagundnachtgleiche genannt. Es ist der Feiertag der Göttin Ostara. Sie gilt als Göttin der Fruchtbarkeit und des Ackerbaus.

Die 4 Elemente

Wasser, Feuer, Erde und Luft - das sind die natürlichen Kraftquellen. Sie haben einen sehr starken Einfluss auf die Balance und die Gesundheit unseres Organismus. Außerdem gelten sie als Ursprung unseres Universums. Es ist wichtig, dass man diese ins Gleichgewicht bringt, damit man Energie, Kraft, Ruhe und Stärke erlangen kann.

Das Feuer steht für Selbstvertrauen und Energie und weckt unseren Tatendrang, sowie die Lebenslust.

Die Quelle unseres Lebens ist das Wasser. Ohne Wasser können wir nicht leben. Es steht für Stärke und Erfrischung.

Durch die Erde bekommen wir Ruhe und Kraft. Wenn wir durch die Erde zur Besinnung kommen, können wir die Energie der Erde spüren.

Leichtigkeit und Freiheit werden durch die Luft verkörpert. Sie versorgt uns mit Sauerstoff, den wir zum Leben brauchen.

Die Erdung des Menschen

Durch die Erdung soll es Menschen möglich sein, sich wieder mehr mit der Natur zu verbinden. Es geht darum, dass man sich im Kontakt mit der Erde entlädt. Das hat positive Effekte auf unsere Gesundheit. Gerade in der heutigen Zeit ist es wichtig, wieder zurück zu den Wurzeln, also in die Natur, zu gehen.

Man nennt diese Technik auch Grounding oder Earthing. Diese Aktivität wird ausgeführt, um sich mit der Erde zu verbinden, und so eine elektrische Verbindung zu den Energien der Erde herzustellen. Es beginnt bereits, wenn man Schuhe und Socken auszieht und mit blanken Füßen über den Erdboden spaziert, denn somit schafft man den notwendigen Hautkontakt zur Erdoberfläche.

Durch diese Technik sollte sich eine Verbesserung bei Entzündungen, bei der Wundheilung sowie Prävention und Behandlung von chronisch entzündlichen Erkrankungen einstellen.

Die magische Umwelt, Wesen & deren Energie

Wenn wir von der magischen Umwelt sprechen, ist damit alles gemeint, was uns umgibt, also die Welt, in welcher wir leben. Dazu gehören auch verschiedene Tierwesen, Pflanzen, Götter und Sterne. Hinzu kommen auch die Planeten und allem voran unser Mond, der unsere magischen Kräfte ebenfalls beeinflussen kann.

Wie dieser Einfluss wirkt, wie man mit der Umwelt kommunizieren kann, welchen Einfluss die Götter und das Universum haben und was unsere Welt mit Magie zu tun hat, habe ich für dich ebenfalls genau unter die Lupe genommen, denn auch dieses Wissen ist für junge Hexen von großer Bedeutung.

Kommunikation mit Tieren

In diesem Teilabschnitt des Kapitels möchte ich dir hauptsächlich etwas über die Kommunikation mit Tieren erzählen, denn eine gute Hexe muss hin und wieder auch mit Tieren sprechen können. Diese können uns nämlich sehr vieles verraten, was nützlich sein kann.

Was aber verbirgt sich eigentlich hinter dem Begriff „Tierkommunikation"? Es handelt sich hierbei um nichts anderes als die Möglichkeit, auf telepathischem Weg mit einem Tier zu kommunizieren.

Es geht dabei um eine natürliche Fähigkeit, welche bereits bei vielen Völkern unserer Vorzeit weit verbreitet war. Tatsächlich haben auch du und ich als Kind diese Art der Kommunikation beherrscht. Mit der Zeit haben wir dies allerdings verlernt.

Es gibt aber die Möglichkeit, dass auch du diese Fähigkeit neu erlernen kannst. So kannst du die Sorgen, Wünsche und sogar die Vergangenheit deines tierischen Gefährten besser verstehen. Ganz schön magisch oder?

Wozu dient die Kommunikation mit Tieren?

- ✭ Was besseres Verständnis zwischen Mensch und Tier
- ✭ Harmonisches Zusammenleben wird gestärkt
- ✭ Verbindung zum Tier wird vertieft
- ✭ Tiere auf anderer Ebene verstehen lernen
- ✭ Rat und Empfehlung vom Tier erhalten
- ✭ Probleme mit dem Tier klären
- ✭ Dem Tier bei Problemen helfen

Die Tierkommunikation wird auch im therapeutischen Bereich gerne eingesetzt. Es können dabei lang gehegte Wünsche erfüllt, sowie Ängste und Sorgen beseitigt werden. Tiere können durch die Kommunikation auch zeigen, beziehungsweise den Menschen fühlen lassen, wo Probleme oder Schmerzen bestehen. Allerdings können Tiere keine Diagnosen stellen. Immerhin sind sie keine Ärzte oder Heilpraktiker.

Die Kommunikation mit Tieren dient auch nicht zur Erziehung der Tiere. Daher kannst du niemals von einem Tier verlangen, dass es sich grundsätzlich verändern soll. Tiere und Menschen sind als eigenständige Individuen zu betrachten. Jeder hat seinen freien Willen und nicht jeder ist dazu bereit, die eigenen Gewohnheiten oder Verhaltensmuster abzulegen, nur weil es andere wünschen.

Die Vier Wahrnehmungskanäle

* *Das Hellhören:* Wort und Text werden empfangen. Im Kopf hört man eine innere Stimme.

* *Das Hellsehen:* Es werden Bilder oder ganze Filme empfangen.

* *Das Hellfühlen:* Auf emotionaler oder körperlicher Ebene werden Gefühle empfangen. Beispiel: leichter Druck in der Magengegend.

* *Das Hellwissen:* Der Empfänger erhält Gedankenblitze bzw. Impulse.

Wichtig: Die vier Wahrnehmungskanäle sind gleichwertig. Am Anfang hat man normalerweise einen besser ausgeprägten Kanal. Mit der Zeit werden aber alle vier empfangsbereit sein.

Es kommt hinzu, dass bei jedem Kanal auch Schwierigkeiten auftreten können.

Beim *Hellhören*: Man ist sich nicht sicher, ob es sich um die eigenen oder um andere Gedanken handelt.

Beim *Hellsehen*: Die Interpretation der Bilder ist mühevoll.

Beim *Hellfühlen*: Es bestehen Zweifel daran, ob die Gefühle von außen von einem selbst sind und was sich hinter diesen verbirgt.

Beim *Hellwissen*: Es steht die Frage im Raum, woher die Impulse kommen, man kann diese nicht erklären.

Um diese Unsicherheiten zu überwinden, sind das Ausprobieren und Üben, aber ganz besonders das Vertrauen von großer Bedeutung.

Auf die Frage, ob man mit Tieren sprechen kann, kann ich dir ganz klar mit ja antworten. Du kannst sogar Kontakt zu toten Tieren aufnehmen. Auch deren Seelen sind unvergänglich, so wie die eines Menschen. Du solltest aber auch wissen, dass es generell eher schwierig ist, eine Antwort von wilden beziehungsweise freien Tieren zu erhalten.

Außerdem sollte man Tiere nicht nach Problemen fragen, es sei denn, der Besitzer gibt den Auftrag dazu. Der Grund dafür ist, dass man im Tier sonst falsche Hoffnungen wecken kann.

Wie aber stellt man nun eine Verbindung zum Tier her? Das erklären dir die nächsten Punkte:

1. Setze dich bequem hin.
2. Atme einige Male ruhig und tief ein und dann wieder aus.
3. Konzentriere dich nun auf die Herzgegend.
4. Stell dir vor, dass dein eigenes Herz ein leuchtendes Licht ist, welches immer mehr an Größe gewinnt und aus seinem Körper heraus strahlt.
5. Visualisiere von deinem Herz zum Herz des Tieres den Lichtkanal.
6. Spüre, wie das Licht von dir zu dem Herzen des Tieres fließt.
7. Stell dir das Licht als Tunnel zwischen beiden Herzen vor.
8. Visualisiere das Tier am anderen Ende Tunnels.

Verschiedene Gesprächsmethoden

* Sprich in Gedanken mit dem Tier.

* Schreibe einen Brief an das Tier.

* Formuliere im Voraus deine Fragen schriftlich und führe das Gespräch in deine Gedanken.

Wichtig: Tiere empfangen immer. Die Schwierigkeit besteht dabei, dass Du selbst bereit sein musst.

Warum sind Tiere für Telepathie immer empfangsbereit? Das liegt daran, dass Tiere immer ehrlich sind und nichts zu verbergen haben. Sie lügen nie und sind stets geradeheraus. Dennoch kann auch ein Tier dazu neigen, etwas zu verharmlosen, um den Menschen nicht zu beunruhigen. Manchmal machen sie auch lustige Bemerkungen, welche nicht ernst gemeint sind.

Wir Menschen machen uns viel zu sehr Gedanken darum, was und wie wir etwas sagen wollen. Viele machen sich Gedanken darüber, was gesellschaftsfähig ist und was nicht. Bei der Telepathie ist es jedoch so, dass unsere Gedanken ehrlich und ohne Ausreden sind. Demnach können wir nichts verbergen. Allerdings sind Erwachsene nicht gewohnt, die eigenen Gedanken genauso auszusprechen. Aus diesem Grund haben auch Kinder einen sofortigen Zugang zur Tierkommunikation. Sie wiegen nicht vorher die Worte ab, welche sie nutzen sollten.

Tipps zum Umgang mit deinem Tier

Der Ort / Raum spielt keine Rolle, du kannst überall mit deinem Tier kommunizieren. Höflichkeit ist auch hier das A und O. Begrüße dein Tier zu Beginn und bedanke dich am Ende des Gesprächs und verabschiede dich. Du solltest mit deinem Tier wie mit einem ebenbürtigen Partner sprechen.

Verabschiede dich von dem Gedanken, dass Tiere eine niedrige Intelligenz haben, denn bezüglich der Weisheit sind sie mindestens gleichgestellt oder uns sogar einen Schritt voraus.

Ein Tier möchte auch nicht über jedes Thema sprechen, dies gilt es zu respektieren.

- ✯ Lasse dich über vergangenes Leid nicht zu lange aus.
- ✯ Formuliere deine Fragen gezielt und genau.
- ✯ Nicht um den heißen Brei herumreden.
- ✯ Akzeptiere und erkenne die natürlichen Verhaltensweisen deines Tieres.
- ✯ Verlange nichts von einem Tier, was gegen seine Natur spricht.
- ✯ Achte darauf, dass dein Tier gesprächsbereit ist.
- ✯ Sprich mit deinem Tier, wenn es entspannt ist.
- ✯ Verhandlungen gehören auch bei Gesprächen mit Tieren dazu, sei also kompromissbereit, denn auch Tiere haben Wünsche.
- ✯ Akzeptiere, dass dein Tier andere Prioritäten hat.

- ✶ Wenn nötig, nenne und erkläre die Regeln der Menschen.

- ✶ Formuliere deine Wünsche ganz klar und deutlich.

- ✶ Mache deinem Tier die Konsequenzen bewusst.

- ✶ Öffne dein Herz und deine Seele für dein Tier.

- ✶ Dein Tier zu verstehen und mit ihm zu kommunizieren, sollte dein ehrlicher Wunsch sein.

- ✶ Lege Zweifel ab und nimm das an, was kommt.

- ✶ Sei geduldig, offen, locker und spielerisch.

- ✶ Erinnere dich immer daran, dass dein Tier dich immer verstehen kann, auch wenn du es nicht gleich sofort verstehst.

Götter und deren Einfluss auf die Magie

Wer die Geschichte Griechenlands kennt oder sich bereits mit der Antike befasst hat, der wird wissen, dass die damaligen Griechen an viele verschiedene Götter glaubten. Diese waren unsterblich und hatten das Aussehen eines Menschen. Alle diese Götter hatten eigene Einflussbereiche.

Als Göttervater galt Zeus. Spätestens seit dem Film von Herkules dürfte auch dir dies bekannt sein. Wirft man einen Blick auf die Entstehung unserer Welt, so gibt es viele Mythen, auch in Bezug auf Götter. Dies kannst du vor allem in der Bibel im Alten Testament nachlesen. Einer der bekanntesten Mythen zur Entstehung der Welt ist die sogenannte „Theogonie" von Hesiod. Dieser war ein griechischer Dichter.

Demzufolge herrschte am Anfang Chaos. Aus diesem entstand dann Mutter Erde, auch Gaia genannt, die Umwelt (genannt Tartaros), der Gott der Liebe (welcher den Namen Eros trägt), die Nacht (auch Nyx genannt), sowie das Dunkel (Erebos).

Ohne überhaupt einen Mann zu haben, bekam Gaia mehrere Kinder. Dazu zählten unter anderem Uranos (der Himmel) und Pontos (das Meer). Nyx und Erebos bekamen zwei Kinder: Tag und Helligkeit. Gaia und Uranos bekamen außerdem ebenfalls Kinder, die Titanen.

In einem blutigen Kampf entmachtete Kronos Uranos. Das Besondere daran ist, dass Kronos der Sohn von Uranos war. Nach seinem Sieg beherrschte dieser die Welt. Später entmachtete ihn ebenfalls sein Sohn. Die Rede ist hier von Zeus.

Sowie seine Geschwister und Nachkommen bezeichnet man als Götter. Mit dem Beginn seiner Macht begann auch die Ära der olympischen Götter. Prometheus bekam von Zeus den Auftrag, dass er Menschen aus Ton herstellen sollte.

Wie aber waren die griechischen Götter?

Wie bereits erwähnt haben diese eine menschliche Gestalt sowie menschliche Eigenschaften, Gedanken und Gefühle. Sie waren dazu fähig, Trauer, Freude, Liebe oder auch Wut zu spüren. Die Nutzung des Menschen ist deren Unsterblichkeit. Zudem konnten sie sehr harte Strafen, sowie auch Todesurteile aussprechen. Sie duldeten keine Anmaßungen oder dauernden Erfolg. Zimperlich sind sie demzufolge nicht gewesen.

Naturereignisse in Bezug auf Wind, Sand oder Sturm waren früher etwas Unerklärliches und wurden demzufolge den Göttern zugeschrieben.

- ✯ *Apollon* - Gott des Lichts, der Heilung und der Künste

- ✯ *Aphrodite* - Göttin der Liebe und Schönheit

- ✯ *Athene* - Göttin der Wissenschaft

- ✯ *Hebe* - Göttin der Jugend

- ✯ *Kronos* - Anführer der Titanen und Gott der Zeit

- ✯ *Poseidon* – Gott der Meere

- ✯ *Zeus* – ist der mächtigste Gott, er hatte Einfluss auf Blitz, Donnern und Gewitter

Das Universum, die Planeten, Sternzeichen, Mondzauber bei verschiedenen Mondphasen

Wir nennen es auch das Weltall oder den Kosmos. Dahinter verbirgt sich die Gesamtheit von Raum, Zeit und aller Materie und der Energie darin. Das Universum ist riesig, wahrscheinlich unendlich, wodurch es bereits magisch auf uns wirkt.

Im Universum gibt es viele verschiedene Planeten, Galaxien oder Sterne. Sie alle können Einfluss auf unsere Leben bzw. auf das magische Leben haben. Wenn man den Sternenhimmel betrachtet und einige Sternbilder kennt, wird man sich daran erfreuen. Dass sich dahinter aber sehr viel mehr verbirgt, erfährst du, wenn du dich mit den einzelnen Sternbildern auseinandersetzt.

Sternenbilder werden auch Sternzeichen oder Tierkreiszeichen genannt. Sie sind Symbolbilder, welche die zwölf Abschnitte des Tierkreises kennzeichnen. Sie beginnen mit dem Widderpunkt und werden in geometrische Kreisabschnitte zu je 30 Grad auf der Ekliptik definiert. Im Laufe eines Jahres befindet sich die Sonne nacheinander in einem dieser Zwölftel.

Diese Tierkreiszeichen wurden in der Zeit der Antike benannt. Damals glaubte man, dass man die Themen des Jahres anhand dieser Sternbilder erkennen konnte. Es gibt insgesamt 88 Sternbilder und zwölf davon tragen den Namen von Tierkreiszeichen.

Sterne und Sternenbilder können uns viel mehr über uns selbst verraten, als wir wirklich denken. Es spielt dabei keine Rolle, ob es um Liebe, Partnerschaft oder bessere Eigenschaften geht.

Die Tierkreiszeichen sind zudem elementarisch eingeteilt:

- Sternzeichen des Elements *Feuer*:
  Widder (21. März – 20. April),
  Löwe (23. Juli – 23. August),
  Schütze (23. November– 21. Dezember)

- Sternzeichen des Elements *Erde*:
  Stier (21. April– 21. Mai),
  Jungfrau (24. August, – 23. September),
  Steinbock (22. Dezember, – 20. Januar)

- Sternzeichen des Elements *Luft*:
  Zwillinge (22. Mai – 21. Juni),
  Waage (24. September, – 23. Oktober),
  Wassermann (21. Januar– 19. Februar)

- Sternzeichen des Elements *Wasser*:
  Krebs (22. Juni– 22. Juli),
  Skorpion (24. Oktober– 22. November),
  Fische (20. Februar – 20. März)

Wenn du mehr über Tierkreiszeichen erfahren möchtest, kann ich dir 10. (Seite 168) empfehlen.

Es gibt über die Sterne, Planeten oder Tierkreiszeichen, sowie das Universum so vieles mehr zu erzählen, was hier an dieser Stelle jedoch den Rahmen vollkommen sprengen würde.

Auch der Mond hat eine sehr große Wirkung auf uns Menschen, sowie auf die Natur. Das beste Beispiel dafür ist das Phänomen von Ebbe und Flut, welches durch die anziehende Wirkung des Mondes auf die Erde verursacht wird. Der Mond ist demzufolge verantwortlich für die Gezeiten. Er wirkt wie ein Magnet, welcher das Wasser von der Erde wegzieht. Demzufolge ist die Flut immer auf der Seite der Erde, auf welcher der Mond gerade steht.

Aber auf der abgewandten Seite der Erde ist ebenfalls Flut, denn dort wird die Erde unter dem Wasser sozusagen weggezogen und der Wasserspiegel steigt. Die Ebbe ist sozusagen immer auf der halben Strecke dazwischen, immer dort und der Mond am Horizont sichtbar ist. Es steht hier im rechten Winkel zur Erde.

Es gibt demzufolge zweimal pro Tag Ebbe und Flut.

Zu Vollmondphasen sind Ebbe und Flut viel stärker als bei Halbmond. Es hängt immer davon ab, wie Erde, Mond und Sonne geometrisch angeordnet sind.

Das ist eine ganz schön große Wirkung, welche der Mond hat. Du kannst dir sicher vorstellen, dass der Mond auch auf dich und deine Zauber großen Einfluss haben kann. Wenn du verschiedene Mondzauber ausprobierst, solltest du daher unbedingt darauf achten, was zu den Mondphasen in der Anleitung geschrieben steht und welche Mondphase gerade herrscht. Es kann sonst passieren, dass dein Zauber nicht oder falsch wirkt.

Ich empfehle dir, 11. und 12. (Seite 168) zu studieren, um dir mehr Wissen zum Thema Mond und dessen Einfluss auf die Magie anzueignen

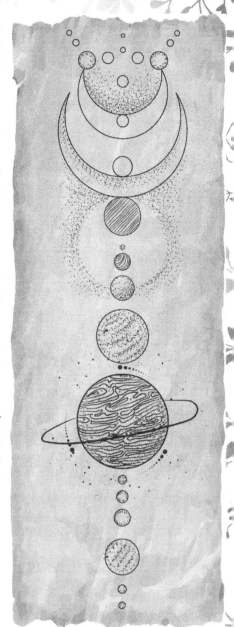

Wie kann eine Hexe mit dem neugelernten Wissen umgehen?

„Mit Wagemut und lautem Donnerschlag,
Krötenbein und Knochenkopf,
jetzt kann ich hexen, oh wie ich das mag!
Mit Mäusebein und Ziegenfuß im Topf.
Zauberstab, Zylinderhut,
kommt ihr Geister, helft mir gut!
Sabberbrabbel trallala,
eine Hexe sein ist wunderbar!
Gold und Silber ist alles piep egal,
die Zukunft verrat' ich dir,
Glaskugel, Karte und Kristall,
oh ihr Geister, nun kommt zu mir.
Kukala, mukala, bach,
Ich kann es seh'n, wie ihr tanzt im Sonnenschein,
jetzt ist es vollbracht!
Schon bald werdet ihr zwei zusammen sein.
Mäusespeck und Katzenbuckel,
mit Magie kann ich sehr viel.
Tricks und Tracks und Zauberkugel,
komm und zauber mit mir, du guter Besenstiel.
Lirum Larum Löffelstiel,
Gene, meine, eins, zwei, drei,
hexen ist kein Kinderspiel!
Wer hätt gedacht, dass ich mal eine Hexe sei.
Bittersüß und kugelrund,
jetzt habe ich die Hexenkraft,
Sonne, Sterne und auch Mond,
die Kräfte kommen zu mir, ich habs geschafft."

Jetzt ist es tatsächlich vollbracht! Du hast dich durch zahlreiche Buchseiten gelesen und dir jede Menge Hexenwissen angeeignet. Außerdem konntest du bereits deine ersten Hexenrituale ausführen und ich hoffe, dass dir bereits einige gelungen sind.

Wie geht es nun aber weiter? Ich kann dir sagen, dein Leben wird fortan voller Magie und Zauber sein. Mit diesem Buch hast du alle wichtigen Grundkenntnisse der Magie erlernt. Auch wenn du erst am Anfang deiner Hexenkarriere stehst, so sehe ich, dass aus dir eine großartige Hexe wird. Habe Mut und sei stets geduldig. Vertraue auf deine Kräfte und du wirst schon bald neue Zauber und Rituale ausführen können.

Das Wichtigste ist, dass du niemals aufgibst. Auch wenn ein Zauber mal nicht wirken will, so solltest du immer wieder Mut beweisen und sie einfach wiederholen. Manchmal ist es eine Sache der Übung. Hin und wieder haben die Geister ihre Hände im Spiel, denn sie wissen schon viel eher als wir, was für uns wichtig ist. Manches Mal stoppen sie die Zauber, da sie bereits erkennen konnten, dass eine größere Aufgabe auf uns wartet.

Für deine Zukunft wünsche ich dir jede Menge magische Momente.

Deine Hexenschwester.

Quellenverzeichnis

1. Zitat D. Daxelmüller
2. https://www.uibk.ac.at/theol/leseraum/bibel/
3. nach Frenschkowski, RGG4
4. https://www.koran-deutsch.com/#dm
5. https://www.weisse-magie.de/zaubersprueche/zauberspruch_formullieren.html
6. https://www.schwarze-magie.info/
7. Handwörterbuch des deutschen Aberglaubens (1927)
8. http://www.angewandtemagie.com/empty_30.html
9. https://de.wikipedia.org/wiki/Amulett
10. https://hexerey.com/werkzeuge-der-magie/werkzeuge-der-magie-der-hexenbesen/
11. https://de.wikipedia.org/wiki/Athame

Weiterführende Literatur & Shops

1. www.lostlegends.de/ritualzubehoer/
2. www.hexenladen-hamburg.de/magazin/magische-rituale/
3. www.hexen-werkstatt.shop/c/hexenwerk
4. www.alraunes-hexenshop.de/Altarzubehoer-und-Ritualbedarf_und_Magiezubehoer
5. www.livingathome.de/wohnen-selbermachen/dekoideen/675-rtkl-duefte-und-ihre-wirkung
6. www.juwelle.de/schmucklexikon/edelsteine
7. www.liebeszaubermagie.com/kristalle-steine-fur-die-magische-rituale/
8. Tasseographie Lexikon - Lesen von Kaffeesatz und Teeblättern: Lesen von Kaffeesatz und Teeblättern, ISBN: 978-1-6986599-9-2
9. Magische Fabelwesen und mythische Kreaturen: Von Drachen, Hexen und Wassergeistern, ISBN: 978-3-8310423-8-8
10. Das große Buch der Horoskope: Tierkreiszeichen, chinesisches und indianisches Horoskop ISBN: 978-3-8631310-9-8
11. Die goldene Magie der Mondin: Wie du mit ihrer Kraft all deine Ziele erreichst | Leben im Kreislauf der Monden und ihrer Göttinnen ISBN: 978-3-7934241-3-0
12. Moonology – Die Magie des Mondes: Wünsche verwirklichen und erfüllter leben mit der Kraft der Mondphasen ISBN-13: 978-3-7787930-2-2

Bildnachweise

© Andrey Kuzmin	#258968015
© art_of_sun	#273521769
© Bitterheart	#324109397
© canicula	#38149406
© chikovnaya	#391950425
	#271249941
© CoolVectorStock	#230010044
© croisy	#192958765
© dekanaryas	#84416533
© Dimitris	#408022345
© dnd_project	#359093282
© dule964	#98497231
© Engineer	#382897939
© Good Studio	#276154401
© Igor	#334125154
© namosh	#64791553
© natality	#352554189
© Ranger	#324202013
© VectorRocket	#252008570
© warmtail	#125181370
© wirakorn	#431164389

Rechtlicher Haftungsausschluss: Dieses Buch enthält Meinungen und Ideen des Autors und hat die Absicht, Menschen hilfreiches und informatives Wissen zu vermitteln. Die enthaltenen Anleitungen passen möglicherweise nicht für jeden Anwendungsfall, daher besteht keine Garantie, dass diese problemlos funktionieren. Die Benutzung dieses Buches und die Umsetzung der darin enthaltenen Informationen erfolgen ausdrücklich auf eigenes Risiko. Haftungsansprüche gegenüber dem Verleger und Autor für Schäden materieller oder ideeller Art, die durch die Nutzung fehlerhafter und / oder unvollständiger Informationen verursacht wurden, sind ausdrücklich ausgeschlossen. Das Werk – inklusive aller Inhalte – gewährt keine Garantie oder Gewähr für Aktualität, Korrektheit, Vollständigkeit und Qualität der bereitgestellten Informationen. Druckfehler und Fehlinformationen können nicht vollständig ausgeschlossen werden.

Bei gesundheitlichen Fragen, Beschwerden oder Problemen konsultieren Sie immer Ihren Arzt!

Impressum

Copyright © 2021 by Libero magia

Stanislaw Schöner Dr.-Hans-Liebherr-Straße 36/1 88416 Ochsenhausen.

Lektorat: Doris Gapp

Layout & Satz: Julia Grün, priscylla7@freenet.de

Printed in Poland
by Amazon Fulfillment
Poland Sp. z o.o., Wrocław